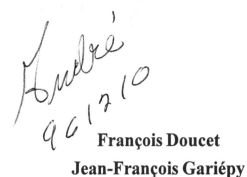

François Doucet

Jean-François Gariépy

l'Art de s'Apprivoiser

Les Éditions l'Art de s'Apprivoiser

Couverture

Conception graphique

François Doucet, Paul Rolland

Equipe de révision

Nancy Coulombe, Jacques Gladu, Jean-Pierre Blais, Martine Gariépy, Cécile Rolland.

Correction

Francine Larouche

Dépôt légal: Troisième trimestre 1993

Bibliothèque Nationale du Québec

Bibliothèque Nationale du Canada

ISBN 2-9803875-5-X

Première édition

Deuxième impression

Publié par:

Les Éditions l'Art de s'Apprivoiser

172, des Censitaires

Varennes, Québec

Canada

J3X 2C5

Téléphone: (514) 929-0296

Télécopieur: (514) 929-0220

Imprimé au Canada

Préface

La vie ne dépend pas d'un simple livre, elle dépend de moi. Ma faculté à voir le merveilleux en moi et autour de moi détermine la mesure de beauté et de bonheur dans ma vie.

Ce livre est un outil dans mon processus de réalisation. Mais c'est à moi, en tant qu'être créateur, qu'appartient le privilège de forger ma vie comme je la souhaite. Chaque être humain est un artiste aux talents prodigieux et infinis ignorant encore trop peu ses possibilités créatrices. À moi de reconnaître maintenant ma puissance intérieure et de faire de ma vie un chef-d'oeuvre en mettant tout en oeuvre pour cette réalisation.

Dans mon coeur se trouvent mes plus beaux rêves; dans ma vie, ceux que je crois possibles.

Pour les besoins de l'écriture, nous avons choisi de parler au "je", malgré le fait que soyons deux à le composer. La mort de deux soeurs, Danielle et Sylvie, et de mon petit frère Serge, les différentes séparations, la fuite dans l'alcool de mon père, ma mère, cette acheteuse compulsive, la mise sur pied de la maison d'édition et du centre l'Art de s'Apprivoiser, mon passage en tant que coordonnateur d'un centre recueillant les jeunes de 12 à 17 ans victimes de drogue, inceste, prostitution, bref, tout notre bagage d'expériences ne forment plus qu'un tout par l'amitié qui nous unit. Les nombreux exemples éclairant le texte du livre sont empruntés directement de notre vie de tous les jours, de la "vraie vie". Aussi avons-nous transformé certains détails afin de ne pas indisposer des personnes impliquées.

Introduction

Aujourd'hui, ma vie a pris un tournant insoupçonné avec ma merveilleuse aventure intérieure. Cette dernière m'a conduit à une bien meilleure estime de moi-même et à l'amour en moi. Parce que j'ai appris à mieux me connaître, aujourd'hui je me sens impliqué à fond dans ma vie. Je contacte mon pouvoir intérieur et l'utilise de plus en plus facilement pour créer selon mes rêves. Maintenant, ma vie se place sous le signe de la joie et de l'émerveillement, d'une amélioration sans précédent de mon bien-être intérieur, d'une transformation consciente et durable de mes attitudes et des pensées qui les engendrent.

Ce livre t'amène à exprimer librement et ouvertement l'amour incroyable en toi. Il n'existe ni passé, ni présent, ni futur, simplement un enseignement continuel menant à la découverte et à l'utilisation de notre puissance intérieure.

Ce livre te propose une poussée vers l'amour dans ton quotidien et vers la joie dans toute ta vie. Ce livre t'offre une excursion en douceur vers ton intérieur, vers tout ce qui vit "en dedans" de toi. Ce livre te présente un programme emballant: apprendre à vivre à partir de ton intérieur, de tes intuitions, de ton coeur, de l'amour qui voudrait bien ouvrir plus grande la brèche déjà existante dans ta vie. Apprendre et s'apprivoiser soi-même. Être soi-même...

Veux-tu être aimé pour ce que tu es vraiment ou pour ce que tu parais être? Alors le moment est arrivé de prendre du temps et aussi beaucoup de plaisir à faire connaissance avec toi-même. Vas-y! Tout, absolument tout ne dépend que de toi!

La vie est un jeu, à moi de jouer!

Chapitre 1

LA RESPONSABILITÉ INCONSCIENTE:

AVOIR-FAIRE-ÊTRE

Jusqu'à maintenant, j'ai posé quantité de gestes et dit quantité de paroles sans être vraiment pleinement conscient de ce que je faisais et disais. Mieux, je ne voyais pas souvent l'impact, les conséquences que pouvaient produire mes paroles et mes gestes inconscients. Je faisais de mon mieux avec les connaissances acquises au fil de mon éducation, de mes multiples relations et des événements de ma vie. J'ai appris une somme remarquable de choses, mais à partir de l'extérieur, de l'extérieur de moi-même. Et j'ai basé ma vie sur cette connaissance reçue de partout, sauf de moi.a Pourquoi alors être étonné, lorsque je cherche à savoir qui je suis, de me perdre dans la confusion quelquefois?

Avant le début de mes démarches, j'ignorais complètement que je possédais déjà toutes les connaissances nécessaires en moi pour me bâtir une vie à la mesure de mes rêves. J'entendais de temps à autre à l'intérieur de moi comme un léger chuchotement me glisser à l'oreille de petits conseils. Cependant tout cela demeurait très flou et vague. Après l'avoir ignoré et n'en avoir fait qu'à ma tête, je me disais: "Je le savais! J'aurais donc dû!" Ma réaction me prouvait hors de tout doute que j'avais bel et bien entendu le message. Combien de fois ai-je choisi un cadeau pour ma mère, mon père, ma femme Nancy, une amie, même si quelque chose en moi me suggérait de prendre celui à côté, pour finalement apprendre que la personne aurait préféré l'autre? "Je suis passé à côté." Cela m'est arrivé souvent de passer à côté de bien des choses. Je regarde, j'ai le goût sans comprendre pourquoi, je continue, et puis je me dis: "J'aurais donc dû."

Avec le temps, j'ai quitté progressivement ce cycle

d'action inconscient pour aller puiser directement dans mes propres connaissances. Le nouveau chemin sur lequel je me suis engagé façonne ma vie à partir de mon intérieur, de ce que je suis vraiment et non pas à partir de l'image que je crois être. Je m'apprivoise et fais connaissance avec moi-même pour aller y puiser directement l'amour que j'ai tant cherché dans les autres, l'argent, le matériel, les relations amoureuses, etc. Aujourd'hui, j'ai une soif extraordinaire et insatiable d'apprendre à m'aimer davantage, non pas pour m'isoler de la réalité en adorant mon nombril, mais bien pour me délivrer du grand fardeau de toujours défendre une image de moi, pour simplement m'aimer plus.

J'aimerais partager en toute simplicité avec toi les fruits de mes découvertes. Ensemble, nous allons faire un voyage intérieur qui va nous permettre de laisser monter à la surface notre vrai moi, celui qui a un lien direct avec notre aspect divin. Nous allons découvrir et toucher nos plus belles qualités et nos plus admirables forces ainsi que les côtés obscurs que nous avons toi et moi à améliorer, à refaçonner, à embellir. Je dis "nous" en m'incluant, car le sens profond de l'humilité est de reconnaître que tous nous sommes en évolution constante. Chacun de nous est à la fois professeur et élève pour chacune des personnes nous entourant. Mon orgueil, se moquant de moi, aimerait bien proclamer victorieusement: "Je suis évolué, regardez-moi!" Il n'y a personne de plus évolué qu'un autre. Celui qui se croit arrivé n'est même pas encore parti! J'enseigne le mieux ce que j'ai à apprendre!

Mes messages

Pour débuter ce voyage rempli de surprises et de cadeaux, examinons pourquoi mes connaissances intérieures n'arrivent pas à percer le mur de ma raison et à se faire entendre. Ma sensibilité à recevoir les connaissances de l'intérieur est-elle à ce point émoussée? Secouons-nous de notre sommeil et réveillons notre puissance intérieure!

Je reçois chaque jour un nombre incalculable d'informations du monde extérieur par l'intermédiaire des journaux, de la télévision, de mes amis, etc. Je reçois également un nombre aussi important de communications de mon monde intérieur par mes sensations, mes impressions. Avant d'apprivoiser leur langage, je garde souvent un sentiment de déjà-vu. C'est ce sentiment qui m'inspire cette fameuse phrase: "Je le savais, j'aurais donc dû!", m'indiquant que j'avais déjà eu un message. Je suis plus sensible aux messages provenant du monde extérieur, parce que je crois seulement ce que je vois.

Mes sens représentent mes premiers contacts avec l'extérieur. Ils me fournissent les informations les plus immédiates: une douce caresse séduit mon toucher; un délicieux parfum enivre mon odorat; une musique merveilleuse envoûte mon ouïe; une magnifique peinture enchante ma vue; un mets exquis ravit mon goût.

Mais ma sensibilité dépasse considérablement l'unique domaine de mes sens. Bien que familier avec les contacts physiques du monde extérieur, je perçois aussi un autre type d'information par ma faculté de ressentir les choses et les gens. Ce message est habituellement beaucoup moins défini que celui livré par mes sens. Par contre, quand vraiment j'écoute ce message et décide de lui faire confiance, il me livre des renseignements bien plus précis et sûrs que mes sens. Tellement, qu'à certaines occasions, je sais que ce que je ressens est vrai, comme une certitude imprimée dans mon corps, dans mes cellules. Je la ressens, je vibre. N'ayant pas l'habitude de savoir ou d'admettre que mon sentiment fait aussi partie intégrante de ma réalité, je doute. Au lieu de m'y fier et de m'en servir, je l'écarte du revers de la main en accusant mon imagination trop active. Et si par bonheur je me risque à l'écouter et que les résultats positifs abondent, j'ai vite fait de mettre cette chance sur le compte du hasard.

Mon imagination et mes rêves sont la porte d'entrée de mes réalisations futures.

Cette réalité "imaginaire" se révèle tout d'abord par ce que je ressens des gens, les "feelings", les vibrations que je reçois d'eux. "La secrétaire au bureau me rend malade!" "Je suis tout gêné lorsque Véronique est à côté de moi." "Je me sens tellement bien auprès de mon fils Thierry." Je regarde un bel homme ou une belle femme dégageant beaucoup de douceur et je vibre à cette personne. Je regarde mon amour dans les yeux et je deviens mou comme de la guimauve ou transporté par une impétueuse vague d'amour pour lui.

Cette réalité s'exprime aussi par des messages envoyés par ma partie divine, mon âme (je nomme cette partie par un mot avec lequel je me sens à l'aise, dieu intérieur, Dieu, guide, lien spirituel, surmoi, grand soi, etc.).

Mon âme est ce qui me relie à la source de toute chose, ma connexion directe avec l'univers. C'est mon guide intérieur constamment en contact avec moi et avec l'univers en même temps. C'est elle qui sans relâche, avec une patience et une persévérance infinies, m'accompagne tout au long de ma vie en me soufflant à l'oreille plein de trucs et de conseils pour transformer ma vie en une joie et un étonnement continuels, sans limites.

Voilà deux ans, je suis retourné manger dans un restaurant où j'allais souvent au cours de mon enfance. Au moment de déposer mon manteau sur un support, une petite voix à l'intérieur de moi me dit, et je l'entends encore, de ne pas le placer là. J'ai choisi de ne pas écouter. J'ai plutôt haussé les épaules en me rassurant: "Je me fais des idées!" À ma sortie, mon manteau avait disparu!

Avez-vous déjà joué à fixer la nuque de quelqu'un? Quand j'étais étudiant au secondaire et un peu plus insolent qu'aujourd'hui, je m'amusais à ce petit jeu dans l'autobus. C'était immanquable, la personne se retournait au bout d'un moment. Elle sentait et percevait quelque chose. Faites vous-même l'expérience au bureau, dans l'autobus, dans un centre commercial, n'importe où. Ne me croyez pas sur parole et tirez vous-même votre conclusion au bout d'une dizaine d'essais. C'est par l'expérience que j'acquière un peu de sagesse. De plus, mon expérience peut différer de la vôtre. Vous possédez votre propre vérité.

Ces messages peuvent influencer les moindres décisions de mon quotidien: je ne sais pas pourquoi, tout à coup je regarde par terre et voilà que je trouve un dollar; j'ai soudain l'idée d'envoyer mon curriculum vitae à une entreprise et surprise, j'y obtiens un emploi; pour mon choix de carrière, il y a un sentiment en moi qui me pousse tellement fort à opter pour le théâtre au lieu du journalisme que je ne peux me le cacher et l'ignorer. J'ai beau me dire que je me trompe sûrement, que c'est la fatigue ou mon imagination qui s'emballe, je garde l'impression de ce sentiment en moi.

Je reçois aussi sans cesse des sensations et des impressions dont je n'ai pas conscience immédiatement, mon attention vagabondant ailleurs. Mon attention se dissipe surtout quand je vis des émotions qui me bousculent trop pour être pleinement réceptif. Par exemple, je perçois confusément que mon conjoint file un mauvais coton, mais je suis tellement pris à calculer comment je vais m'y prendre pour payer mes prochains comptes du mois que je ne prends pas conscience du message présent. En étant en réaction plutôt qu'en harmonie avec moi-même à ce moment précis, c'est très difficile pour moi "d'entendre" le message. Être sous l'emprise de mes émotions constitue ma principale source de distraction. Mon insécurité, ma colère, ma rancune, ma frustration, etc. brisent la communication à coeur ouvert entre mon âme et moi.

Mon comportement est un effet

À l'image des messages que je reçois des gens autour de moi, mon corps, mes attitudes physiques et mes comportements envoient eux aussi des messages aux gens qui m'entourent. Essayez de faire manger à un enfant quelque chose qu'il n'aime pas, il n'a pas besoin de parler pour se faire clairement comprendre. Tous mes amis savent que lorsque je mange du chocolat, cela veut dire que je suis stressé. Ma femme Nancy sait très bien qu'essuyer mes lunettes signifie: "je suis en train de réfléchir."

Rusé et alerte, il n'en tient qu'à moi de profiter de cette chance offerte de mieux me connaître en choisissant d'être à l'écoute des messages que j'envoie. En prenant le temps d'observer mes propres attitudes, je constate qu'elles me renseignent abondamment sur ma propre façon de penser et de faire les choses. Elles m'instruisent sur mes émotions ainsi que sur mon ouverture au présent. Saisir toutes les occasions possibles afin d'apprendre à mieux me connaître me permet de me rapprocher consciemment de ce que je suis vraiment.

Mon automobile est restée sale tout l'été au lieu de se faire laver et nettoyer régulièrement. Ceci est une indication précise sur un de mes comportements peu enviables. Après la douce satisfaction, disparue au fil des jours, d'avoir obtenu le bien matériel convoité, j'avais tendance à négliger son entretien ensuite. En poussant plus loin mon observation, j'ai même découvert que cette attitude hantait aussi mes relations avec mes amies de coeur: une fois l'excitation de la découverte passée, mon intérêt tombait brusquement. Mais je ne fais pas que voir mes travers, je capte aussi mes qualités. Cet été encore, j'ai surpris ma conjointe avec une fête préparée à son insu. La joie sur son visage fut ma plus belle récompense. J'ai appris que je suis prêt à me donner à fond pour les gens que j'aime. En effaçant un à un les différents masques et rôles que je joue, je me vois véritablement tel que je suis, un être d'amour au potentiel de création illimité.

Qu'est-ce que j'observe pour apprendre sur moi-même et accéder ainsi à mon vrai moi? J'observe mes gestes, mes paroles et mes pensées. Je porte une attention particulière à deux choses: la conséquence de mon comportement et comment je me sens intérieurement dans cette situation.

Quand ma fille me demande de jouer avec elle, j'ai de la difficulté à le faire de bon coeur. Mon premier mouvement est de refuser parce que, selon ma conception des choses, je suis déjà occupé à une activité plus "importante". Il faut vraiment que je me parle pour m'amener à apprécier ces moments de partage avec elle. Je joue, mais à contrecoeur. La conséquence de mon comportement, c'est qu'Hélène sent bien qu'elle me dérange continuellement. Nous rions moins souvent ensemble et une distance s'établit entre nous. Et plus je continue à agir de la sorte, plus la distance augmente. À la fin, j'en suis rendu quasiment à jouer le rôle de gardien d'enfant, sans que des liens étroits se tissent. Je me sens mal, tout croche à l'intérieur de moi. J'ai toujours la sensation désagréable que ma fille me dérange. Je me sens coupable, car bien que je sente que cette situation n'est pas saine pour nous deux, je me vois continuer malgré tout.

Simplement le fait de me rendre compte de mon pénible sentiment est souvent suffisant pour déclencher chez moi un processus de transformation. Mais accepter que ce sentiment là existe, çà, ça peut prendre plus de temps! Pour Hélène, j'ai attendu plusieurs années avant d'accepter de regarder ce que j'éprouvais, accepter d'admettre que je ne me sentais pas un bon père. Mon acceptation m'a débarrassé d'une grande tension, d'un grand poids sur mes épaules et m'a rendu disponible pour ma fille.

Mais avant de prendre conscience de mes propres

comportements, j'ai observé longtemps celui des autres. J'étais bon là-dedans! Surtout pour me permettre de critiquer! "Regarde Hélène, c'est comme ça que tu dois faire." "Connais-tu l'épouse de Jacques? Tu sais, celle qui réagit constamment à propos de tout et de rien?" "Ah Pierre! Il se retrouve toujours avec des filles bourrées de problèmes." "Si seulement mon amie voulait admettre ses torts, notre relation de couple irait beaucoup mieux." Je m'attardais aux effets, aux comportements des autres sans voir la cause de ces agissements. De toute façon, je n'étais même pas en mesure de me regarder moi-même, alors de là à comprendre le pourquoi des choses, il y avait tout un défi.

J'ai réellement commencé à observer les gens en débutant par les vendeurs lors de mes emplettes. Les vendeurs sont de très bons enseignants. Le bon vendeur sait accueillir les gens et créer une atmosphère détendue. Son attitude est ouverte et chaleureuse: un sourire de bienvenue, les bras ouverts, les mains expressives et animées d'une vie qui se communique à la parole et au regard. Son attitude m'invite à être en confiance, à établir un lien, car il s'intéresse à mes besoins et non au profit qu'il pourrait retirer de moi. Le mauvais vendeur est aussi une source précieuse d'enseignement. Le vendeur qui bâille continuellement pendant que je lui parle ne m'invite pas du tout à établir un lien: je n'arrive pas à croire qu'il prend mon intérêt à coeur. Le vendeur à pression qui ne recherche que l'occasion d'empocher une bonne commission me fait fuir. Quelqu'un dont le regard fuit constamment durant la conversation m'inspire-t-il plus confiance? Hum... pas vraiment. Tous ces gestes témoignent de l'intérêt de la personne à ce qui se passe dans son moment présent.

Je crois qu'une des attitudes qui me met le plus mal à l'aise, c'est lorsque la personne tient résolument ses bras croisés et figés sur la poitrine. Par son comportement, elle provoque en moi une gêne très inconfortable, car elle m'indique clairement une fermeture équivalant à déclarer verbalement: "J'ai mis une protection pour me prévenir contre ce que tu dis ou contre ce que tu fais ou contre ce que tu pourrais dire ou faire."

Cette barrière de protection témoigne d'un effet de résistance au changement: "Je veux garder le contrôle devant une éventuelle menace que toi ou la situation que je vis fait peser sur moi. L'ouverture se créera seulement lorsque je me sentirai en sécurité."

Voici un petit exercice sur la fermeture et l'ouverture que je te suggère:

Qu'est-ce que je ressens face à quelqu'un gardant constamment ses bras fermement croisés sur sa poitrine lorsque je lui parle? Je m'imagine devant cette personne aux deux bras croisés et j'essaie de lui expliquer quelque chose.

La prochaine fois que je remarque quelqu'un agir ainsi, je prends le temps d'observer comment je me sens dans cette situation.

Qu'est-ce que je ressens face à quelqu'un qui me sourit, m'écoute et me regarde droit dans les yeux?

Tout, absolument tout, parle de moi. Le niveau physique, l'attitude générale, la posture, le visage, le regard, etc. autant que le niveau des paroles et des gestes représentent une source inépuisable d'informations pour qui sait lire ces signes.

Quels types d'informations transmettons-nous? Engagé ou "grand parleur, petit faiseur"? Aimable ou bête? Généreux et disponible ou "cheap" et égoïste? Bon ou "bonasse"? Heureux ou aigri? Prêt à saisir une bonne occasion ou prêt à se méfier en cherchant le "hic" caché? Prêt au moindre reproche ou prêt à me regarder moi-même?

Donc, je "parle" aux autres par mes attitudes, mes gestes et mes paroles même si je ne veux rien divulguer sur moi. Pourquoi alors ne pas prendre le parti d'être complètement vrai en me délivrant du même coup des tensions énormes générées par le fait de jouer un rôle devant les gens.

Que je sois sensible consciemment ou non à tous ces messages, je les reçois tout de même et ils influencent ma réponse face aux gens et aux événements. Je peux choisir de me contrôler encore plus afin de ne pas divulguer de messages révélateurs sur moi ou choisir de me libérer des entraves pour suivre l'élan naturel de la vie. Quand je suis bien avec moi-même, je peux vivre diverses situations qui vont m'amener à me dépasser, à aller plus loin en moi pour garder mon vrai visage dans ces occasions. Plus besoin d'adopter un masque de plus qui pèsera sur ma vie et qu'il me faudra enlever plus tard. J'apprends sur moi en observant les gens qui m'entourent et moi-même. Cette attitude, celle d'apprendre en toute circonstance révèle la sagesse et l'accès à une spiritualité épanouie. Je vois la vie telle qu'elle est véritablement, un décor de beauté et d'amour créé par moi pour recontacter consciemment la partie divine en moi.

Aller à la cause de mon comportement

Je cache régulièrement des pensées en moi en espérant ne jamais avoir à les dévoiler au grand jour. Mes mobiles sont très divers, ils naviguent du sentiment de honte à "c'est pas de vos affaires", de la culpabilité à la peur du jugement - "qu'est-ce que les gens vont penser de moi?" - de mon gros orgueil à mes tactiques de séduction, etc.

Je cache aussi des pensées que seul mon inconscient connaît et donc que la partie consciente en moi ignore. Cette partie a beau être cachée à ma perception immédiate, elle existe bel et bien et influence quand même ma façon de penser et mes comportements.

Les victimes d'abus sexuels, d'inceste, de violence conjugale, de toxicomanie, les obsédés du travail (work-alcoolic) ou ceux qui ont eu à souffrir de parents alcooliques restent marqués dans leur vie tant qu'ils n'ont pas découvert le grand miracle du pardon. Ce miracle peut se produire lorsque je suis sur la piste de ma puissance intérieure.

Ces victimes ont parfois des comportements surprenants, comportements qu'ils ne peuvent eux-mêmes s'expliquer. Ils érigent autour d'eux un système de protection personnel où ils peuvent ressentir un semblant de sécurité. Même s'ils sont mal dans leur peau, la peur du changement l'emporte.

Je ne suis pas différent d'eux. La peur du changement

me talonne fréquemment, car je suis sécurisé dans ce que je connais: au moins, je sais à quoi m'attendre et je peux tenter naïvement d'exercer un contrôle sur ce que je connais, jusqu'au moment où j'en aurai assez de toutes mes défenses et mes faux-semblants.

Jusqu'à tout récemment, j'éprouvais de sérieux ennuis à économiser et à vivre selon mes moyens. Au lieu d'améliorer ma situation, je ne cessais de l'empirer en laissant mes dettes s'accumuler par petits montants. Malgré mon immense bonne volonté, je ne parvenais jamais à freiner le processus et encore moins à le régler. Cette situation durait et durait depuis des années au grand déplaisir de mes divers créanciers séduits par mes belles promesses - j'avais le tour! Je me sentais toujours pris à la gorge, surtout quand arrivait le temps des fêtes où je me retrouvais honteux de ne pouvoir acheter de cadeaux. Curieusement, je ne manquais pas vraiment d'argent. Je dénichais toujours un moyen pour me permettre de parer au pire et même d'avoir de petits surplus pour sortir et m'amuser. Je ne manquais pas vraiment de rien, mais je n'avais jamais de sous pour me permettre d'être à l'aise et penser à autre chose qu'à comment faire pour payer mes prochains comptes.

Mon premier pas a été de m'apercevoir que j'avais un comportement sabotant à mon égard. J'agissais comme si je me tirais moi-même une balle dans le pied. Je me sentais idiot de toujours refaire la même chose sans être capable d'arrêter. Mon estime de moi était en chute libre.

Je voyais les effets de mes actions et je ressentais clairement en moi la culpabilité et l'inconfort où elles me plongeaient. Sachant tout cela, je ne comprenais pas pourquoi je n'arrivais pas à me dépêtrer de mon comportement. J'avais besoin d'aller plus en profondeur, d'aller à la cause.

Mon second pas a été de discerner ce qui me motivait à agir ainsi en me causant toujours du tort. J'ai lu beaucoup, j'ai échangé avec des amis, j'ai suivi des ateliers, etc. J'ai effectué de nombreuses démarches pour arriver à y voir plus clair. Peu à peu, le visage de ma peur s'est révélé: j'avais peur des conséquences du fait de posséder de l'argent. Mon comportement était guidé par cette peur inconsciente qui bloquait tous mes efforts à ne pas centrer ma vie sur l'argent. Au fond de moi-même, je la connaissais, mais je ne voulais pas le savoir consciemment!

Cette réaction de toujours avoir de l'argent, mais de ne jamais en avoir devant moi pour élaborer des projets tels l'achat d'une maison ou un beau voyage au soleil, provenait d'une pensée que j'entretenais très fort en moi. Je croyais dur comme fer que l'argent me ferait perdre mes qualités de l'être sensible que je suis face aux autres en ne pensant qu'à l'argent, en ne travaillant qu'en fonction d'avoir de l'argent. J'avais une peur terrible, celle de ne vivre que pour l'argent, peur que j'avais finalement matérialisée à mon grand désespoir. Depuis ce temps, j'ai appris que toute peur que j'entretiens se matérialise tôt ou tard afin de me permettre de l'affronter, de repousser davantage mes limites et de contacter ma partie divine.

Cette peur compulsive me faisait répéter constamment les mêmes situations dans des décors différents afin de parvenir à prendre conscience d'elle.

Autant j'étais heureux d'avoir compris la cause de

mon comportement, autant je ne comprenais pas davantage l'origine de cette peur.

Elle avait été semée dans mon coeur d'enfant par le type de relation que j'entretenais avec mon père. À mes yeux, jouer avec ses enfants ne semblait pas faire partie de son quotidien. Dans mon petit coeur d'enfant, je ressentais que faire des sous, pour lui, importait plus que jouer et s'occuper de moi: l'argent m'avait enlevé mon père! Alors, j'ai acheté l'idée que "argent" équivalait à "penser seulement à l'argent et négliger l'amour et la tendresse". Évidemment, cela ne reflétait pas exactement la réalité du moment, mais, enfant, c'est cette réalité que j'ai acceptée comme étant vraie dans mon coeur. Jusqu'alors, mon coeur d'adulte ignorait ce drame de jeunesse et malgré toute sa bonne volonté, il n'arrivait jamais à combler le fossé entre les deux mondes, celui de l'adulte et celui de l'enfant. Je me battais contre un ennemi invisible et insaisissable.

Arriva le jour où j'en ai eu assez. Je vivais les conséquences de mon comportement néfaste, mes émotions devenaient plus claires et je comprenais avec ma tête tout le savant mécanisme du problème, ça ne m'empêchait nullement d'être encore son prisonnier et de tourner en rond. C'est alors que la magie du pardon est venue ouvrir la porte de mon coeur en le délivrant de sa peine d'enfant.

Le pardon

On m'avait parlé du pardon, de sa force, de sa puissance, de la sensation de légèreté, du calme qui le suit, mais mon Dieu! que je résistais. Je ne voyais pas le bien-fondé d'accorder mon pardon. Pourquoi faire un tel effort alors que je n'avais pas besoin de ça, c'était bon pour les autres. Ma colère m'aveuglait et prenait le dessus sur tout. Un jour, un de mes amis, fatigué de mes plaintes et de mes reproches à l'égard de mon père m'apostropha ainsi: "Pourquoi ne pardonnes-tu pas? Qu'est-ce qui t'en empêche? Pourquoi pas le pardon? Que perdrais-tu? De la douleur? De l'agressivité? Aimes-tu tant que ça être malheureux?" Je n'ai rien pu répondre, car au fond de moi, je n'avais pas de raison acceptable, je n'avais que ma colère à étaler. "Inscris noir sur blanc toutes les raisons qui t'empêchent de l'aimer." Fouetté par son audace, je me suis mis à écrire et à écrire et à écrire toutes les raisons qui pouvaient m'empêcher de lui pardonner, toutes, jusqu'à ce que j'éclate. Assis devant ma feuille de papier remplie de motifs tous plus inconséquents les uns que les autres, assis devant moi-même, mon orgueil m'a sauté en pleine face. La lutte que je livrais était contre moi-même, pas contre mon père. Oui j'avais souffert, mais maintenant que les mauvais jours s'envolaient loin derrière, pourquoi persister à souffrir? Seul mon orgueil, responsable du rejet de la faute de mon existence tourmentée sur le dos de mon père et de ne rien faire pour changer, créait ma prison de souffrance intérieure. Mon père n'était même pas au courant de la colère qui m'habitait. Une phrase est alors montée en moi pour ne plus me quitter: "Pourquoi pas?" Malgré mon corps qui se cabrait et se révoltait à l'idée de pardonner, la question revenait encore et encore: "Pourquoi pas?"

Alors j'ai pris mon courage à deux mains et j'ai commencé à accorder le pardon à mon père, pardon qui allait me délivrer de cette souffrance.

La méthode pour laquelle j'ai opté est draconienne. Elle ne laisse aucune chance à ma programmation nuisible de survivre. À chaque jour, je me réserve une heure de mon temps pendant laquelle je m'organise pour ne pas être dérangé: je me cloître dans ma chambre, j'avertis mon conjoint de respecter mon isolement et au besoin, je ferme la sonnerie du téléphone, je vais à la toilette avant, etc. Le mot d'ordre est simple: avoir la paix!

J'ouvre ensuite mon cahier et j'écris 77 fois la même affirmation en ne m'arrêtant sous aucun prétexte, sauf pour noter rapidement sur une feuille de papier placée à mes côtés les émotions qui montent. Après les 77 affirmations, je prends le temps de regarder plus en profondeur ce que je vis.

Pour mon père, mon affirmation se lisait comme suit: "Je pardonne maintenant et pour toujours à mon père." Selon la personne ou l'événement, j'adapte mon pardon. Voici quelques exemples de pardon: "Je pardonne à ma mère", "Je pardonne inconditionnellement à la vie de m'avoir fait vivre............" "Je pardonne à mon oncle mon viol." "Je me pardonne ma dureté et mon inflexibilité." "Je me pardonne d'avoir haï ma soeur." "Je me pardonne mon agressivité." "Je me pardonne mon contrôle." Etc. J'écris le pardon approprié pour moi selon ce que je vis.

Ce 77 fois, je l'écris durant 7 jours consécutifs en prenant bien soin de toujours garder mon esprit et mon coeur centrés sur ce pardon. J'évite de laisser mon esprit vagabonder, car sinon l'effet devient nul. Entends-tu quelqu'un que tu n'écoutes pas? Si je ne m'écoute pas, je ne peux recevoir mon propre message de délivrance et d'amour. Pour aider ma concentration, si je le désire, je lis à haute voix ce que j'écris.

Quelquefois, j'ai tellement la tête dure que je dois faire deux pardons et plus à la même personne. C'est là que je me rends compte à quel point mon mental est fort et qu'il déteste céder un pouce de terrain. Qu'est-ce que le mental? C'est la partie de moi qui fabrique sans relâche des excuses, de nouvelles raisons d'éviter l'effort, d'éviter de me prendre en main. Par contre, mon mental peut apprendre à aimer le changement. Si je lui démontre et si, surtout, je lui apprends à ressentir le bien-être que je retire de mes changements, il va devenir très coopératif. Au lieu de l'affronter, j'en fais un allié.

Le pardon est comme tout travail commencé. Pour le mener à bien, je vais jusqu'au bout, même si la tentation d'arrêter au bout de la quatrième ou cinquième journée peut devenir insistante. Je persévère, car un cadeau m'attend toujours au bout de l'aventure. Je reste toujours responsable de ma vie. Si je ne vais pas au bout du pardon et que je continue à me plaindre ou à recréer les mêmes comportements, je n'ai qu'à examiner mon engagement.

Le pardon a changé de façon incroyable ma vie. Toute l'énergie mise à souhaiter du malheur aux autres, à leur en vouloir, à imaginer plein de scénarios de vengeance, a été transférée en quelque chose de formidablement plus constructif. L'apaisement et le calme intérieur qui m'habitent maintenant me font me demander en souriant: "comment ai-je pu tenir si longtemps face à cette tornade intérieure et vouloir la garder si obstinément?"

Ma relation avec mon père s'est transformée. Elle a

changé parce que je me suis transformé. Je ne le vois plus comme quelqu'un qui ne pense qu'à l'argent, mais plutôt comme quelqu'un qui fait de son mieux dans toutes les circonstances de sa vie. Je vois maintenant toutes les fois où il nous gâtait au restaurant, toutes les fois où il me reconduisait au CEGEP, la confiance qu'il me témoignait en me prêtant une des deux autos toute la fin de semaine à seize ans, les bandes dessinées d'Astérix et de Tintin qu'il m'achetait à mon grand bonheur, etc. J'ai passé mon adolescence à me plaindre de lui. Mais moi, sans-coeur, je ne prenais même pas la peine de prononcer le moindre merci pour tout ce qu'il faisait pour moi. Il payait même les réparations sur les accidents que j'avais, moi, en auto! Tout m'était dû. Mon père était bon pour moi. Mais, emmuré dans mes émotions, sa bonté me passait six pieds par-dessus la tête. Il m'arrive parfois de penser que je pourrais faire mieux que lui, mais à ces moments-là, je ris de moi et de mon jugement orgueilleux. De quel droit est-ce que je le juge? Je suis ici sur terre pour apprendre sur moi, pas sur les autres. Une chance que j'ai eu ce papa. C'est en bonne partie grâce à lui que j'ai été amené à me rapprocher de mon âme. Sans mon père, je serais encore en train de vivre sans but en me contentant de "métro-boulot-dodo". Cette recherche jumelée au pardon a projeté ma vie dans une direction d'amour que je n'imaginais pas voilà dix ans. Maintenant, je remercie mon père d'avoir participé à sa manière à ouvrir la brèche menant à ma puissance intérieure.

Un autre pardon fut pour celui d'une amie de coeur. Suite à la séparation, j'étais vraiment en mille morceaux. Je ne valais plus grand-chose et je ne voyais plus qui pourrait m'aimer: j'avais accepté l'idée que je ne méritais pas ça. Après plusieurs mois d'apitoiement sur mon sort à blâmer la vie et mon ex-amie, j'ai entrepris le pardon: je voulais vraiment passer à autre chose. Ce pardon a bouleversé de nouveau ma vie. J'avais acquis une énorme quantité de connaissances sur le pourquoi et le comment m'améliorer. Je savais quoi faire, comment m'y prendre, démêler les problèmes des autres et les aider, je disais aux autres quoi faire, dire et penser, mais de mon côté, je ne mettais absolument rien en pratique. Malgré mes apparences invitantes, j'étais fermé comme une huître.

Ce pardon a accéléré mon ouverture vis-à-vis moi-même et les autres. Dans le passé, lors d'une réunion de plus de trois personnes, je devenais muet comme une carpe. J'étais très intimidé. Durant une fête, j'étais le genre de gars à s'asseoir tout seul dans son coin et à ne pas prononcer un mot de la soirée ou à faire l'inverse, parler sans arrêt pour ne rien dire. Ce pardon m'a ouvert la voie pour arriver à parler de moi, pas des automobiles, pas de la température, mais de moi et de ce que je vivais. Il a rendu accessible tout l'enseignement reçu durant ma relation amoureuse. Car j'avais beau m'y connaître énormément sur de nombreux sujets comme la réincarnation, les chackras, les maîtres au Tibet, quoi faire pour rendre ma vie harmonieuse, les techniques de communication, etc., je ne faisais qu'étaler prétentieusement mon savoir devant les gens pour mieux me valoriser. Je ne connaissais rien de la vie, celle qui se vit en sentant battre le coeur de l'enfant qu'on tient dans ses bras, en éprouvant l'immense joie de mener un rêve à la réalité, en prenant une marche dans le bois pour écouter les doux bruits de la nature, en admirant un magnifique coucher de soleil, en savourant l'enthousiasme des gens de ma ville devant leurs décorations du temps des fêtes. Le pardon m'a appris ceci: arrête de parler et agis! Ne regarde pas les autres faire ce que tu voudrais faire. Fais-le! Mets en pratique tes fameuses connaissances.

D'avoir rencontré une fille comme ça dans ma vie me permet aujourd'hui d'apprécier l'extraordinaire cadeau de pouvoir vivre avec Nancy. Notre amour en est un où l'harmonie et l'échange se vivent au quotidien. Je ne connaissais rien au bonheur avant. Nous nous parlons. Auparavant, ma relation baignait dans la chicane et l'obstination. Il me fallait vraiment posséder une piètre estime de moi-même pour persister à rester là. Je la trompais, je ne l'aimais plus, mais j'étais beaucoup trop insécurisé pour risquer de partir ailleurs. Même en cessant de la tromper et en tentant de se parler, les choses ne se sont jamais améliorées.

Avec le pardon, j'en viens à me pardonner de n'être pas parfait. Quand je suis capable de me pardonner mes erreurs, je peux pardonner aux autres, et vice-versa. Le pardon transforme les erreurs et les échecs en apprentissage. Les événements malheureux de ma vie deviennent des chances uniques de retirer une leçon, un enseignement. Je tire profit de tout ce qui m'arrive. C'est alors qu'apparaît la beauté de la vie, son sens caché: apprendre sur moi afin de me libérer de mes limites et exprimer en totalité ce que je suis.

L'extérieur, reflet fidèle de l'intérieur

Les personnes qui n'ont pas d'ordre dans leurs pensées, et leurs émotions laissent voir clairement ce désordre dans leur vie d'une façon ou d'une autre.

Un jour, paresseusement étendu sur le divan du salon,

je me suis surpris à examiner la pièce. Mes vêtements et mes effets personnels étaient éparpillés partout sur les meubles et le sol. En soi, ce fouillis n'avait rien d'exceptionnel puisque c'était ainsi depuis des années. Mais cette journée-là, il y avait un petit quelque chose de différent. Plus l'évidence de mon fouillis s'imposait à mes yeux, plus je sentais confusément en moi qu'il y avait quelque chose qui clochait, sans toutefois pouvoir mettre le doigt dessus. C'est comme si pour la première fois, je voyais ma confusion, j'en prenais conscience. Et cela ne me plaisait pas beaucoup. Je me suis mis à faire le tour de la maison où tout était à l'envers. Comme je n'étais pas habitué à aller au fond des choses et que je ne pouvais plus supporter cette vision et cet inconfort intérieur, je suis allé à l'extérieur. Plus tard dans ma vie, j'ai aussi appris qu'on peut très bien avoir une maison rangée et cacher des tiroirs et des garde-robes tout à l'envers. Un de mes amis m'avait engagé pour un travail chez lui. Son terrain était impeccable, le gazon bien coupé et bien vert, tout paraissait très beau de l'extérieur, mais à l'intérieur le capharnaüm régnait.

Au cours de la journée donc, je suis revenu dans mon fouillis, fait comme si je n'avais rien ressenti et j'ai repris le cours de mon existence sans ordre. J'étais un spécialiste pour étouffer cette vie en moi. Pour mieux camoufler mes émotions, j'étais devenu un as de la fuite. Maintenant, quand je dois faire 500 ou 600 km en auto durant la journée pour me rendre aux différents Salons du livre, pour la vente ou pour une conférence, je choisis de préférence les routes de campagne tranquilles. Simplement en me permettant cela, j'ai renoué avec un plaisir longtemps oublié: regarder le ciel et les paysages, leurs couleurs et leur beauté. Avant, je roulais à côté de ma vie, je ne regardais rien, je prenais tout pour acquis, je faisais une multitude de choses sans prendre le temps de m'arrêter et d'apprécier ce que je faisais, ce que j'avais. Mon besoin de combler mes vides et de dissimuler mes émotions primait sur tout. Il me fallait absolument aller regarder la télévision, jouer à quelque chose, lire un livre. Jamais de temps seul avec moi-même. Je me fuyais tellement, qu'à mes yeux d'aujourd'hui, j'étais mort. Je ne participais pas à la vie. J'existais, je ne vivais pas.

Quelque temps après, suite à une séparation difficile, la première chose que j'ai faite fut de m'acheter une superbe voiture sport, une Supra. Je réalisais enfin un de mes rêves. Je me payais pour la première fois de ma vie quelque chose que j'aimais réellement! Curieusement, ma voiture reluisait de propreté et tout était en ordre. Je l'entretenais amoureusement à l'extérieur comme à l'intérieur. Je prenais le temps pour celle-ci, car dans le fond je le faisais pour moi, pas pour quelqu'un d'autre ou pour bien paraître. La valeur que je donnais à ma voiture était différente de celle de ma maison. J'aimais cette voiture, alors que la maison ne représentait pour moi qu'un vulgaire lieu où dormir.

Je me suis mis à regarder ma maison où le désordre régnait, où j'entassais les objets inutiles pour les "au cas où". Je vivais en fonction d'un événement susceptible de se produire sans avoir la moindre idée sur sa nature. Je me disais que plus tard j'aurais de beaux meubles, que plus tard j'aurais quelque chose de beau, mais "plus tard". Durant ce temps, je continuais à acheter des biens à bon marché sans souci de leur qualité. Or, mon raisonnement s'éternisait déjà depuis de nombreuses années et rien n'avait réellement changé jusqu'à présent. Une lumière s'est immiscée dans ma tête et j'ai commencé à réaliser que "plus tard" pouvait devenir "bien bien bien plus tard" et que moi je continuais malgré tout à vivre durant ce temps.

Alors j'ai commencé.

J'ai exécuté un premier geste.

J'ai fait un premier pas.

J'ai commencé tout doucement à faire du ménage dans ma maison au fur et à mesure que je faisais du ménage dans ma tête. J'ai peinturé les murs, je me suis acheté un à un des meubles que j'aimais vraiment, sans penser à sacrifier mes goûts pour payer moins cher. Le ménage dans ma tête suivait celui de ma maison et vice-versa. À mesure que l'ordre s'établissait dans ma tête, mon univers extérieur prenait forme: l'extérieur devenait à l'image de mon intérieur, les deux intimement et indissolublement liés. À quoi me sert de posséder une grande quantité de biens matériels si ces biens ne sont là que pour calmer mon insécurité intérieure? N'est-il pas préférable de disposer de moins de biens, mais de les apprécier et d'en prendre soin avec amour et gratitude?

Le mauvais bout de la lorgnette

En laissant mes peurs et mes drames personnels me diriger, j'abandonne la responsabilité de ma vie aux gens et aux événements qui m'entourent. Je renie le fait d'être maître de mon sort et de le créer à l'image de mes rêves.

J'accorde l'importance à des objets extérieurs, je laisse les autres modeler ma vie pour finalement récolter une insatisfaction continuelle. Au lieu de reconnaître ma puissance capable de construire des plans extraordinaires, je la cède aux autres. Que connaissent les autres sur ce que je veux vraiment, sur les rêves qui vivent en moi?

Je joue un rôle en espérant que les choses se déroulent comme mon vrai moi, celui qui est connecté à la Source de toutes choses, le souhaite avec tant d'ardeur. Comment mon vrai moi peut-il se faire entendre clairement quand je le camoufle sous mes peurs et mon orgueil? Je joue la comédie au lieu d'être vrai et je suis surpris que les choses ne se déroulent pas comme je le souhaiterais.

Voilà quelques années, j'étais fiancé avec une très belle et gentille fille, mais à force de publicité trompeuse, la relation s'est terminée abruptement. En effet, j'interprétais le rôle de l'homme plein d'avenir, débordant de projets et d'enthousiasme, comprenant parfaitement tout, alors que dans les faits, je me contentais de parler au lieu d'agir. Et en plus, j'avais le culot de placer la responsabilité de l'insatisfaction qui flottait dans notre relation sur ses épaules. C'était sa faute. J'ai été le premier étonné que mon amie, découvrant le rôle que je jouais sous mes apparences séduisantes, me quitte.

J'interprète un rôle et je voudrais que les choses extérieures se façonnent selon mon image intérieure vraie. Comment puis-je réussir si je repousse continuellement les efforts à fournir pour amener mes rêves à la réalité bien tangible de mon quotidien?

J'ose prétendre que c'est la faute de l'autre s'il n'a

pas su répondre à mes souhaits non-exprimés, que c'est la faute de l'autre s'il n'a pas su deviner mes intentions cachées. J'attends au travers toutes sortes de frustrations que l'autre, toujours l'autre, gouvernement ou conjoint, patron ou ami, prenne ma vie en main. Et lorsque l'autre prend ma vie en main, s'il fait la moindre erreur, c'est si facile de jeter le blâme sur lui. J'ai fait une expérience un jour: je me suis campé devant mon meilleur ami et je lui ai demandé de me dire à quoi je pensais! Il n'a jamais été capable de me le dire. Il ne pouvait pas deviner mes pensées. Essaie-le toi-même! Devine à quoi peut bien rêver le passant sur la rue. Veille tes enfants ou ton conjoint durant leur sommeil et demande-toi quels sont donc leurs songes. Peux-tu lire leurs pensées? Peux-tu connaître leurs désirs et ainsi les combler? Et pourtant, je passe une grande partie de mon temps à attendre que l'autre devine, lise dans ma tête ce que je voudrais si fort à l'intérieur de moi. Accuser l'autre, blâmer l'autre, rejeter la faute sur le dos de l'autre m'emprisonnent dans un monde sans ouverture. Il n'y a tellement pas d'ouverture que même l'amour éprouve de la difficulté à se faufiler jusqu'à moi. Avoir tout cuit dans le bec sans vraiment me dépasser, m'empêche de faire face à mes peurs. J'ai alors la permission de m'en laver les mains et de me cacher derrière différents rôles.

Donner à l'autre la responsabilité de ma vie traduit une façon inconsciente de faire et de penser. La responsabilité inconsciente est un cycle d'action facile à vérifier. La totalité des gens, ou presque, possède ce cycle d'action. Il régissait jusqu'à maintenant mes actions et mes pensées. Je dis jusqu'à maintenant, car en prendre conscience, c'est déjà entreprendre de le désamorcer, c'est déjà faire un pas.

Quelques années auparavant, j'avais confié à un ami

la tâche de distribuer un jeu de cartes de pensées positives à travers les librairies de la province. Après quelques semaines, il me déclarait avoir fait le tour des librairies, avoir réussi à trouver un excellent client, mais que le jeu ne fonctionnait pas ailleurs. Le doute s'est installé en moi. Je lui ai fait part de mon incrédulité face au fait que seulement dix librairies acceptaient notre jeu. Confronté à sa paresse, il décida d'abandonner en confiant la tâche de me l'annoncer à quelqu'un d'autre. Je suis alors allé faire un tour moi-même chez notre meilleur client pour jaser avec lui et recueillir ses impressions sur le jeu. Je ne m'étais pas sitôt identifier que je me suis fait arroser copieusement de bêtises pendant une demi-heure. Pas besoin d'expliquer que moi aussi je suis ressorti de là assez agressif, merci! Cette personne ne me connaissait pas du tout et m'avait jugé et condamné sans appel. Quelqu'un avait parlé en mal de moi et j'en récoltais les premiers effets. Une semaine plus tard, je me suis rappelé un ancien beau-frère à qui j'avais fermé la porte de mon coeur sans même l'avoir vu et entendu en m'appuyant uniquement sur le mal que pouvait dire ma conjointe à son sujet. Je ne lui ai jamais laissé la moindre chance de m'approcher et de le laisser être ce qu'il était: un gars avec le coeur sur la main.

La vie est pleine de rebondissements, meilleurs que tous les films que j'ai vus. Elle parvient toujours à m'envoyer des messages sur ce que je suis enfin prêt à comprendre, voir et intégrer dans ma vie. À l'époque de ma visite à la librairie, j'étais prêt à saisir la portée négative du jugement au lieu de me concentrer uniquement sur l'apparente injustice. Le jugement nuisait à mes relations avec les gens quels qu'ils soient. Bien sûr, des livres m'avaient déjà parlé du jugement, mais ma tête avait enregistré les données sans communiquer avec mon coeur. Cette expérience imprima dans mon coeur le vécu nécessaire à l'élargissement de ma conscience.

Dans tout événement, il y a un enseignement de lumière et d'amour à cueillir.

Le quotidien de la pensée limitative

La pensée limitative, comme ne rien entreprendre de peur de se tromper, faire un ou deux efforts pour se donner une bonne excuse d'abandonner, est nourrie par mes peurs et mon manque d'estime de moi. Elle se traduit en situations telles que:

Je n'ai pas l'assurance de dire à mon patron qu'aujourd'hui je suis débordé et que j'aimerais énormément avoir du support.

Je n'ose pas dire au vendeur que je préfère telle couleur de chemise et je repars avec une chemise que j'ai honte de porter.

Je tais mes fantasmes sexuels de peur de paraître obsédé, ou de déplaire à mon partenaire. Quelque part, j'ai acheté l'idée que la sexualité est quelque chose de sale et qu'on ne doit pas en parler.

Je soupire en pensant que je ne suis qu'un pauvre employé et je laisse mon patron diriger toutes mes affaires au lieu de prendre des initiatives par moi-même.

Je m'ennuie à une fête car dans le fond, je voudrais être au cinéma: je ne sais pas profiter de l'instant présent.

Je n'aime plus mon conjoint, mais je reste parce que... vous comprenez, c'est pas évident, et que, faut comprendre... la sécurité matérielle, les enfants, c'est important aussi, et que dans le fond, c'est pas si pire que cela...

Malgré tout l'inconfort que me font vivre ces situations, qui a fait le choix au bout du compte? Qui vit avec ces décisions malgré les autres?

"Mais voyons! Comment aurais-je pu agir différemment? J'étais coincé. Cela ne se fait tout simplement pas!"

Ah oui? As-tu remarqué le plaisir qu'ont ceux qui se laissent aller à faire des choses qui semblent illogiques, des pitreries, des niaiseries, des "nounouneries"? Combien de fois t'es-tu empêché de faire quelque chose parce que "cela ne se fait pas" ou à cause de "qu'est-ce que les gens vont penser de moi?" Parce que tu as jugé que cela était stupide et même dégradant de se donner en spectacle en faisant des simagrées? Parce que cela ne correspond pas aux standards du monde dans lequel tu vis? Et pourtant, à la télévision, lorsque des acteurs font des pirouettes qui ne se font pas, comme c'est drôle et comme c'est invitant: ils ont l'air de tellement s'amuser! Et nous aussi!

Je me souviens d'un de mes amis qui nous avait épatés par sa spontanéité. Il avait fait ce que tout le monde souhaitait faire et que personne n'osait. Par un très chaud soleil de juillet, nous étions une bande d'amis en promenade sur les terres de notre ami François. Nous terminions une partie de balle et nous avions tous très chaud. Soudain, au détour du sentier, apparaît un ruisseau à l'eau claire et lumineuse de soleil. Nous nous sommes arrêtés et regardions avec une envie grandissante cette eau si merveilleusement tentante. Personne n'osait bouger. Tout à coup, voilà mon ami qui se jette dans le ruisseau avec ses shorts et ses espadrilles! Il criait, riait, faisait des culbutes dans l'eau et nous arrosait tant qu'il pouvait. Puis, un à un, nous nous sommes décidés à aller le rejoindre. Il avait fallu analyser et réfléchir sur la pertinence de ce geste, s'il se faisait ou non, s'il y avait des inconvénients à être mouillé, etc. avant de pouvoir s'y abandonner.

Mon ami m'a enseigné une grande leçon cette journée-là. Je crée mon propre bonheur comme je crée mon propre malheur en pensant pour les autres, en ayant peur de ce que les autres vont penser de moi, de mon geste.

J'ai toujours été un peu fleur bleue. J'avais rencontré une jeune fille qui me plaisait énormément et je me triturais les méninges à me demander quel serait le bon moment pour la prendre par la taille en marchant. Nous marchions souvent ensemble et je n'osais toujours pas me risquer malgré l'attirance évidente que nous éprouvions l'un envers l'autre: je ne voulais pas la brusquer. Finalement, quand je me suis décidé, elle m'a avoué qu'elle n'attendait que ce moment-là! Pendant plusieurs jours, j'avais pensé pour elle, je lui avais prêté une bonne centaine d'intentions et de pensées, j'avais supposé qu'elle pensait ceci ou cela, alors qu'en fait, je n'avais qu'à agir ouvertement et à exprimer sans peur mon désir pour qu'il soit comblé.

Ma pensée limitative rétrécit mes possibilités de bonheur et m'enferme dans mon petit monde égoïste. Je porte des oeillères et je ne le sais même pas!

Mes pensées sont en fait mes seules limites. Si je ne

pense pas y arriver, je n'y arriverai pas. Si je crois ne pas réussir à maigrir, je ne maigrirai jamais.

Je disais à mon copain:

-Tu veux avoir une belle auto de l'année? Tout équipée?

-Non, j'ai pas besoin de tant.

-Entends tes paroles. Le strict nécessaire. Comment veux-tu avoir l'abondance dans ta vie?

J'ai eu vingt-deux autos. Sais-tu pourquoi j'en ai tant eu avant de m'acheter de bonnes autos? Parce que j'étais prisonnier de l'argent dont j'avais besoin. Je refusais l'idée de paiements parce que j'avais peur de ne pas pouvoir les acquitter. Pour la première voiture de qualité que j'ai osé m'acheter, j'ai trouvé l'argent. En deux ans, les paiements étaient complétés. Pour la voiture suivante, plus dispendieuse, j'ai trouvé l'argent. Pour la suivante, une Supra, j'ai aussi trouvé l'argent. J'ai toujours trouvé l'argent. Le prisonnier s'était libéré de sa prison. Si j'attends l'argent nécessaire à l'achat de ma maison ou celui pour bâtir la maison d'édition, je ne ferai jamais rien de ma vie. Tout vient à point. Plus je fonctionne ainsi, plus les sous rentrent et plus ma confiance augmente.

J'aime une marque précise de jeans. Si les jeans d'une autre marque sont en vente à $18.00, mais dans lesquels je ne suis pas à l'aise, je ne courrai pas m'en procurer une paire, car je ne la porterai pas. Le faire serait ajouter foi à ma peur de manquer d'argent, de ne pas mériter ce que j'aime. C'est terminé le temps où je n'achetais pas certains biens parce que j'attendais au cas où il surviendrait un imprévu. Je vaux la qualité, un point c'est tout.

Pourquoi, si ma voix intérieure se manifeste régulièrement et sans attendre de réponse de ma part, je ne l'écoute pas plus souvent? Quelles sont les interférences entre elle et moi? En les reconnaissant, je suis en mesure de travailler sur une difficulté précise plutôt que de me battre contre des moulins à vent.

Mes nombreuses excuses, mon goût de toujours avoir raison, mon orgueil qui veut voler la vedette, ma peur de l'opinion des autres, ma peur du changement, mon aversion face à l'effort à fournir, mon côté enfant gâté qui veut tout selon son unique façon de faire, ma croyance en des idées sabotantes malgré leur grande popularité, etc. sont autant de résistances à mon plein épanouissement.

Regardons ensemble comment ces résistances agissent sur moi pour bien les comprendre et mieux les désamorcer.

Les belles excuses!

Les belles excuses demeurent une de mes raisons préférées pour réprimer ma voix intérieure!

"Je ne peux lui dire telle chose, elle va encore me le faire payer chèrement." "Ça ne sert à rien de lui dire, de toute façon il ne me comprendrait pas." "Voyons! Ce n'est pas décent." "J'ai pas d'argent." "Aaaah, ça ne me tente pas." "Je suis comme je suis!" "Je le respecte trop pour lui dire cela." Etc. C'est curieux cette manie de vouloir absolument respecter autrui au point de s'oublier complètement et de s'inventer toutes sortes de drames. Il ne me vient pas souvent spontanément à l'esprit de me respecter moi-même. Est-ce que j'ai assez de respect pour être intègre et honnête envers moi-même? Pour dire les choses telles qu'elles sont, telles que je les vis? En les retenant par peur de déplaire, c'est moi que je ne respecte pas. C'est moi qui reste pris avec mon morceau sur le coeur et qui accumule les toutes petites frustrations de rien du tout qui se métamorphosent en montagnes en s'entassant les unes par-dessus les autres.

Autant je me casse la tête à vouloir respecter les autres, autant je leur donne le contrôle de ma vie par ce type de pensée. Quand je livre les guides de ma vie à autrui, où puis-je alors trouver mon propre espace pour agir?

Ce contrôle, je l'exerce aussi dans ma vie ainsi:

Non!

J'ai toujours raison.

Je refuse aide et support.

Je force et travaille fort.

Je contrôle et ne délègue pas.

Je me débrouille très bien tout seul.

Laisse faire, je vais m'arranger tout seul.

Non, non, pas toi, moi je suis capable de le faire.

Je reste prisonnier de mon propre contrôle!

C'est cette pyramide d'excuses favorisant le contrôle qui me fait dire: j'ai eu ce que je voulais, mais il me semble qu'il me manque un petit quelque chose. Je garde toujours le goût amer de l'insatisfaction. Il crée en moi un éternel déçu.

Pour échapper à mes déceptions, j'exerce encore plus de contrôle croyant naïvement pouvoir renverser la vapeur. Sans m'en rendre compte, je donne naissance à un cycle étouffant, créant de plus en plus de déceptions. En effet, toute chose que j'essaie de contrôler a la fâcheuse tendance à vouloir se faufiler hors de ma portée.

Ce déroulement bizarre des choses a un nom: **AVOIR-FAIRE-ÊTRE.** Je veux quelque chose, j'agis en fonction de l'avoir et ensuite quand je l'ai, alors seulement là, je suis bien, jusqu'au prochain désir. J'ai besoin d'avoir ce que je désire sinon je reste en attente de satisfaction. Cela suscite des affirmations absolument incroyables du type:

"Lorsque j'aurai de l'argent, je pourrai enfin m'offrir ma maison et être heureux-se."

"Lorsque j'aurai réussi mes études, je pourrai être reconnu, être quelqu'un et fier de moi."

"Lorsque j'aurai une voiture, je vais enfin posséder ma liberté: je vais aller où je veux et quand je le veux. Je vais être bien."

"Lorsque j'aurai du linge à la mode dans lequel je vais me sentir en confiance, je vais faire tourner des têtes, les gens vont me remarquer et je vais enfin trouver un conjoint et être heureux-se."

"Quand je vais avoir ma maison, là je vais pouvoir faire des choses (mettre des fleurs, faire un jardin, recevoir des amis, avoir ma propre piscine, etc.) et puis là je vais être radieux-se."

"Quand mon ami-e aura changé, là je pourrai être enfin bien."

Ce cycle d'action me joue un mauvais tour, car il bloque mon éveil. Il m'incite à aborder les choses, les événements et les gens de façon négative et non-épanouissante. Je m'enracine dans une façon de penser qui crée sans cesse des limites à mon éveil, à mon bien-être et à ma paix intérieure.

Le mental

J'ai le plaisir à nouveau de présenter mon "mental". Comme nous l'avons vu rapidement avec le pardon, le mental me pousse à justifier sans arrêt mes paroles et mes actions. Il me fournit à volonté en bonnes excuses de toutes sortes; c'est le roi de la dérobade. Mais il va plus loin encore. Mon mental me pousse à chercher des substituts, des remèdes miracles à l'extérieur de moi pour m'imaginer être heureux. Pour me leurrer, il me fabrique un rêve d'un monde meilleur dans lequel le prince ou la princesse court à mon secours et me sauve. J'attends après des objets extérieurs pour avoir droit au bonheur. J'attends après le billet de loterie gagnant, après la miraculeuse transformation de mon conjoint, après la belle température, après une illumination quelconque. J'attends. Et j'attends encore. Et enfin lorsque l'illusion des pilules miracles s'évanouit, je me retrouve face à mon vide et mon inconfort

49

intérieur devient alors trop grand pour être endurable. Je ne provoque pas les choses, j'attends qu'elles viennent à moi en espérant très fort qu'elles viendront. Christophe Colomb n'a pas attendu que l'Amérique le découvre, il est allé au-devant d'elle.

Le rôle du mental ne consiste surtout pas à diriger ma vie. Comment peut-il le faire adéquatement lorsqu'il héberge mes peurs, mon orgueil et mes frustrations? Le mental est une bibliothèque, un ordinateur mis à ma disposition pour me servir et m'aider. Le mental est un matelot sur le navire et c'est moi, mon âme, le capitaine.

Il ne m'est pas donné un rêve sans posséder en moi tout ce dont il me faut pour le réaliser, le concrétiser dans ma vie. Le mental me seconde dans mon oeuvre et mon âme crée. Par exemple, écrire ce livre me demande une connaissance du français et une conception logique des choses pour enchaîner mes idées. Mon mental me fournit cette aide précieuse et essentielle, mais de l'autre côté, mes idées, mes exemples appropriés, ma création proviennent de ma source intérieure, mon âme, qui jamais ne se tarit. Par contre, étant encore un humain vivant sur terre et non pas un ange, j'ai à faire des efforts et à aller de l'avant afin de réaliser mon oeuvre. Les gens en politique, les artistes, les directeurs, les gens reconnus sur la place publique ont dû faire leurs preuves étape par étape. Le fruit d'une soudaine popularité n'est souvent que le résultat d'un labeur de plusieurs années dans l'ombre. Combien de chercheurs scientifiques ont travaillé d'arrache-pied pour trouver la découverte? Combien d'entre nous ont fait plusieurs demandes d'emploi avant d'avoir ce que nous voulions? Même les millionnaires du sport ont dû pratiquer leur art pendant une longue période de temps avant de toucher leur sommet.

Les croyances

Pour retarder la réalisation de mes rêves, le mental emploie aussi d'autres procédés que les excuses. Souvenez-vous de la liste des pensées limitatives. Une des méthodes préférées du mental consiste à m'alimenter de croyances de toutes sortes. Et moi, pas plus éveillé, je me sers d'elles pour fournir un éventail d'excuses à mon entêtement à rester figé dans ma vie. Le chemin de l'évolution et de l'ouverture, celui consistant à orienter mon coeur à plus de merveilleux, au partage, à la joie et à l'amour, disparaît encore en arrière-plan.

Une croyance est une idée achetée de quelqu'un, d'une publicité, de mes parents, de ma religion, etc. Croire que je suis né pour un petit pain, croire que chaque événement positif cache une déception, croire que les riches ont obligatoirement posé des gestes malhonnêtes pour arriver à leurs fins, croire que les homosexuels sont tous des affamés sexuels, croire que la vraie vie libre ne commence qu'à la retraite, croire qu'une personne qui me témoigne une bonté veut inévitablement me demander une faveur en retour, croire que le sourire d'une personne inconnue signifie "je veux coucher avec toi" sont autant d'exemples de croyances qui m'empêchent d'installer une harmonie en moi. Je demeure sur mes gardes, prêt à défendre mes croyances, à tout prix quelquefois. Les croyances sont acceptées comme une vérité immuable dans laquelle ma conception du monde se trouve enfermée. Et pourtant, qui n'a pas cru au Père Noël? Moi, j'y ai cru jusqu'à ce que je reconnaisse mon oncle déguisé! À partir de ce moment, ma croyance face au Père Noël a évolué. J'ai même cru un jour n'être pas normal, car à seize ans, ne pas encore avoir d'amie de coeur, cela signifiait des choses... Un homme digne de ce nom devait forcément avoir une amie, sinon, ce n'était pas un vrai homme! J'ai cru que l'argent était sale et mauvais. J'ai cru que tout travail qui méritait d'être fait se devait d'être dur et pénible pour que le résultat soit valable. Mais heureusement, une croyance, ça se change.

"Je suis né pour un petit pain." J'ai entendu cette phrase tellement souvent dans la bouche de parents qu'il n'y a rien de surprenant à voir leurs enfants y croire. Je vois des gens pris au piège par cette affirmation et qui refusent des offres alléchantes d'avancement tellement cette pensée guide leurs gestes et leurs choix sans même qu'ils ne s'en rendent compte. Une fois n'indique pas forcément un problème, mais quand le même comportement se répète, alors son existence devient flagrante et incontestable.

De mon côté, j'entends encore un de mes proches me dire: "Dans la vie, tu dois étudier jusqu'à l'université pour avoir un emploi décent, mais il faut commencer par le bas de l'échelle avant tout." J'ai tellement ancré cette pensée en moi que tous mes emplois appartenaient à la catégorie "bas de l'échelle", c'est-à-dire des emplois où je dépensais beaucoup d'énergie pour peu de résultats monétaires. Moniteur dans un camp de vacances à clientèle à problèmes, laveur de vaisselle, laveur de plancher, etc. En soi, ces emplois n'ont rien de mauvais, mais pour moi, je voulais un emploi plus rémunérateur pour mes projets et je n'arrivais pas à sortir de ce genre d'emplois. N'oubliez pas que je ne voulais surtout pas ressembler au modèle paternel et avoir de l'argent. Inconsciemment, je me débrouillais pour me couper l'herbe sous le pied. Lors de mon baccalauréat à l'université, je me souviens d'avoir suivi un cours où j'avais un projet de recherche à mener à bien. J'ai très bien réussi mes autres cours, mais le projet fut honteusement négligé. Évidemment, mon professeur a fait l'évaluation que je méritais pour mes piètres efforts et j'ai raté mes chances d'aller à la maîtrise. Je me sentais totalement coincé entre l'idée de réussir par l'intermédiaire de l'université et celle du bas de l'échelle. Je ne pouvais mériter mieux, j'avais une peur bleue du "mieux"!

Une autre belle croyance très prisée est: "Vaut mieux être honnête et pauvre que riche, malheureux et malhonnête." Comme ça l'argent contribue au malheur?... Comme ça, tous les riches ont amassé leur argent par des moyens illégaux? Comme ça, si je deviens riche, c'est parce que nécessairement, je vais avoir fait de petites choses pas très jolies?

Ce besoin d'abaisser l'autre pour me sentir moins médiocre est très humain, mais peu constructif. Je prends un malin plaisir à trouver des défauts à l'autre pour oublier de voir les miens pendant ce temps. Mon manque flagrant d'estime de moi-même éclate au grand jour. Étant impuissant à apprécier ma propre valeur, il me devient très difficile d'apprécier celle des autres sans me sentir menacé. Incapable de supporter l'image de ce que j'envie et ne crois pas avoir mérité, j'ai recours au jugement dénigrant: "Toi tu es un parvenu, toi tu es sans-coeur, toi tu es vantard, etc." En plaçant les gens sur un piédestal, je peux mieux les rabaisser, car c'est connu, tomber de haut, ça fait plus mal!

François ne cessait de me pousser dans le dos pour

que j'écrive ma partie dans notre livre "Les yeux de l'intérieur, mes yeux d'enfant". Moi, je résistais obstinément: je m'imaginais très mal dans un Salon à vendre un seul livre dans un kiosque. J'avais peur de faire rire de moi. Dans un Salon que je visitais, j'ai failli tomber à la renverse: là, devant moi, dans un kiosque, une auteure accompagnée de son éditeur vendait son unique livre. Et cela fonctionnait bien. Quelqu'un osait réaliser au grand jour ce que moi j'avais la trouille de faire. Ça m'a fouetté. Surtout l'orgueil! À la sortie de "Les yeux de l'intérieur, mes yeux d'enfant", nous avons loué un emplacement au Salon du livre de Montréal où tout le monde nous plaignait, convaincu de notre échec imminent. Bien qu'un peu décontenancés par l'attitude générale, nous avons décidé tous les deux, Jean-François et moi, de mettre résolument de côté notre peur. Nous avons vendu avec notre coeur, sans pression pour les gens, en échangeant et ayant beaucoup de plaisir avec tous. Trois jours plus tard, nous avions épongé nos dépenses et débutions les profits. Et il restait encore trois autres jours au Salon!

Croire posséder la vérité à travers mes croyances, c'est me tromper et m'exposer à vivre une expérience amusante ou éprouvante (selon la croyance que j'entretiens) pour apprendre que ma vérité était bien arbitraire et sujette à changement. Je suis en perpétuelle évolution, même si quelquefois le changement paraît lent et invisible. Ce qui était vrai hier ne l'est plus aujourd'hui. Mon corps en est le parfait exemple: il évolue lui aussi. L'acquis d'hier se transforme aujourd'hui en flexibilité. Le changement m'entoure, je nage dedans! Je ne suis plus la même personne qu'il y a dix ans. Je ne peux échapper à ce changement.

Assis au chalet, Stéphane, un copain, me racontait ses rêves de prospérité. Il affirmait être fort raisonnable, car il comprenait ne pouvoir tout avoir et qu'il se privait sur certaines choses afin de pouvoir en avoir d'autres. Je voyais plutôt ses croyances le mener par le bout du nez:

- Actuellement je possède une petite voiture très économique effectuant beaucoup de kilométrage au gallon, mais mon rêve serait d'être assis au volant d'une "Jeep". - Qu'est-ce qui t'en empêche? - Ce véhicule ne fait que 20 milles au gallon!... Ce n'est pas du tout économique. - Pourquoi te priver de ce plaisir pour un seul détail négatif? - Oui, mais j'aime mieux me payer une petite auto, si inconfortable soit-elle, et garder de l'argent pour faire aussi autre chose. - Pourquoi ne pourrait-il pas arriver quelque chose d'imprévu qui pourrait t'aider? Un nouvel emploi, un billet de loto gagnant, une excellente occasion sur ta "Jeep", etc.? - C'est bien beau tout ça, mais je ne peux pas avoir tout, tout de suite, tout d'un coup, comme ça! - Es-tu en train de me dire que les miracles n'existent pas? - Non, mais il faudrait que je sois rudement chanceux. - Autrement dit, la chance n'existe que pour les autres, tu ne la mérites pas ? - Oui, mais avant qu'elle se décide à arrêter chez moi... - Peut-être peux-tu l'inviter chez toi en lui ouvrant la porte. - L'inviter chez moi? -Bien sûr! Par exemple, tu peux commencer à placer de l'argent de côté pour ton rêve et quand tu auras cet argent, utilise-le pour ton rêve et pas pour autre chose. Prends tous les moyens - honnêtes et intègres, évidemment - à ta disposition pour réaliser ton rêve et ton âme se chargera du reste. Fais-lui confiance et tu verras, ça va aller. - Oui, mais s'il m'arrive une situation d'urgence et que je doive utiliser cet argent? - Et si le ciel te tombait sur la tête?

Stéphane persistait à se saboter et à donner toute la puissance à l'argent plutôt qu'au divin en lui. Il était devenu l'esclave de l'argent dont il avait besoin.

Stéphane prétendait que ses limites personnelles lui imposaient de posséder seulement une petite voiture. Il croyait fermement ne jamais être en mesure de s'offrir tout ce dont il souhaitait. Le fameux "né pour un petit pain" faisait encore des ravages: l'argent est difficile à avoir, il faut travailler très fort pour le mériter et c'est pour cela que je ne peux tout avoir. Et beaucoup de gens trouvent cela très normal. Toi aussi?

À chaque "plus" apporté, Stéphane concevait un "moins" derrière. Il visualisait sa "Jeep" loin dans son futur. Son abondance lui apparaissait vague et impossible à atteindre. Bref, sa croyance lui dictait l'obligation de se priver d'un côté pour avoir quelque chose de l'autre. L'abondance, par définition, implique le superflu, la profusion, l'opulence, la richesse, etc. Stéphane, comme toi et moi, a droit à tous ses rêves.

Je regardais Stéphane se défendre, se justifier de ne pas avoir tout, de ne pouvoir avoir assez dans sa vie et je me rendais compte combien longtemps j'avais eu moi-même la croyance que s'il m'arrive quelque chose de bien, il y a quelque part une brique qui s'en vient. "Après les fleurs, le pot." Ça ne pouvait être beau partout, ça devait accrocher quelque part.

Le mental m'amène continuellement à limiter ma vie par un nombre incroyable de prétextes toujours très justifiés à mes yeux. Limiter ma vie ne se justifie sous aucune raison. Limiter ma vie équivaut à réprimer la semence de bonheur et d'amour à laquelle j'ai droit. L'abondance et la prospérité ne sont pas seulement pour les autres, mais aussi pour moi. Ma puissance intérieure, mon âme, mon guide, mon dieu intérieur concrétisent à ma demande tous mes rêves.

Limiter ma vie, c'est dire à Dieu et à la vie qu'ils plafonnent, qu'ils ne peuvent faire mieux. Mais moi-même je fais mieux à tous les jours! Au secondaire, je me suis amélioré par rapport à la maternelle; au CEGEP, j'ai fait mieux qu'au secondaire, etc. À force de me servir de mon ordinateur pour écrire ce texte, je dactylographie maintenant plus vite, mon français s'est énormément amélioré, mes connaissances en informatique ont fait un bond spectaculaire en avant. Je fais toujours mieux qu'hier. Je m'améliore sans cesse, malgré les apparences que sont mes échecs. Je fais beaucoup mieux l'amour que la toute première fois!

Quelle est l'idée de s'imposer une telle limite? Lorsque je nie l'abondance en me privant, de peur de ne rien avoir du tout, j'affirme alors que Dieu s'occupe plus des autres qu'il ne peut le faire pour moi. Pourquoi ferait-il une chose semblable?

L'abondance est à l'image de l'univers, infinie, il s'agit de puiser dedans. Dans les grands centres commerciaux, les magasins regorgent d'articles plus beaux les uns que les autres. Mais pour les acheter, il faut me déplacer jusqu'à ces centres! L'abondance est là, en moi, autour de moi, mais je dois faire l'effort de tendre la main et de prendre.

C'est pourquoi l'attitude de me limiter est si désastreuse. Elle m'amène à balayer du revers de la main mon abondance pour adopter un monde d'insatisfaction.

L'opinion des autres et le jugement

Je me préoccupe considérablement de l'opinion des autres. Par la peur très vive qu'elle engendre en moi, elle tient une grande place dans ma vie. Curieusement sur certains aspects, il ne me vient même pas à l'esprit de m'inquiéter du jugement d'autrui, je m'en fous carrément. Alors que pour d'autres, la règle devient différente. Cette pensée du "que va-t-il penser de moi?" freine mon élan vers l'avant et la récolte des fruits mérités de mon travail. Elle favorise l'accumulation d'émotions refoulées et non-exprimées. Victime de mes croyances et de mes préjugés, j'étouffe tout ce qui se passe à l'intérieur de moi. Mon mental interdit au merveilleux en moi de se manifester sous prétexte qu'il n'a pas sa place. La spontanéité de la vie devient une chose abstraite et compliquée recelant des pièges dangereux. L'idée de déplaire aux autres me hante et je crains que mes propos ne soient pas intéressants.

Mais tout le monde est intéressant! Tous, nous pouvons partager ce que nous vivons et ressentons. C'est à cet instant sublime que les choses perdent leur aspect superficiel pour rejoindre la profondeur de l'être.

Au début de la période de l'adolescence, bien souvent nos camions, nos "barbies", nos "legos" nous tentent encore beaucoup, mais on n'ose plus se le permettre. Risquer un jugement cruel de la part de mes amis remettrait trop de choses en question dont ma place avec eux. Je cherche de la sécurité pour calmer ma peur qui cercle comme un requin autour de moi, alors pas question de lui ouvrir une porte. Avoir l'air plus vieux à travers des activités jugées plus adultes devient très préoccupant. Mon image prend énormément d'importance. C'est pourquoi je consens à faire une foule de choses bizarres et même stupides.

"Dans le temps" je fumais la cigarette. Aujourd'hui, je me souviens en riant comment je pouvais être idiot! Je me faisais fort d'affirmer pouvoir arrêter absolument n'importe quand. Mais ce n'était pas vrai: l'habitude s'était incrustée comme une dépendance, une drogue. Pour paraître à ma place dans la bande, je fumais. C'était ma seule motivation.

Suite à un accident de travail, je me suis retrouvé avec un dos fortement hypothéqué. Le médecin, pour m'aider à guérir plus vite, me conseilla grandement la pratique de la natation. Il croyait me faire une faveur. Erreur. "Apprendre à nager dans une piscine remplie de petits jeunes, de quoi vais-je avoir l'air?" Il n'en était pas question: la gêne m'étouffait. J'étais absolument convaincu d'avoir l'air complètement perdu parmi eux. Surprise! Au premier cours, les participants étaient tous plus vieux que moi. Malgré ma peur, j'ai fait face, même si, assis dans mon auto devant la piscine, j'ai hésité jusqu'à la toute dernière minute. Je me suis dépassé. Et deuxième surprise, j'ai réussi à passer deux écussons du premier coup! Tout à coup, ma gêne venait de perdre du pouvoir, pouvoir que je lui avais donné par mon inconscience. Je reprenais les guides.

Plus jeune, comme j'étais drôlement compliqué, tout l'était aussi dans ma vie. Ma tête ne cessait de penser, de calculer et de juger. Heureusement, maintenant mon esprit est plus libre et je peux prendre le temps de m'arrêter et de jouer avec mes enfants. Me stresser en imaginant ce que les autres peuvent penser de moi ne fait plus partie de mes préoccupations immédiates.

Petit, j'avais honte d'aller vendre des bouteilles vides. Le paraître régnait fort dans notre famille. Je me disais: "Qu'est-ce que les gens vont penser? Ils vont sûrement penser que je suis un tout nu!" Je détestais cette image de pauvre. Je sentais leur regard brûlant sur ma nuque. J'étais orgueilleux. Maintenant l'opinion des autres ne bloque plus mes actions et mon amour. Parfois, au dépanneur, je dépose mes sacs de bouteilles vides, prends l'argent sans rien acheter et m'en vais. Il y a beaucoup de personnes qui se sentiraient obligées d'acheter une barre de chocolat ou un sac de "chips" pour ne pas paraître chiches. J'étais tellement orgueilleux, que je rendais ma vie compliquée. Aujourd'hui, au dépanneur, je salue le commis et lui cause sans arrière-pensée; tout le monde me sourit ou me dit bonjour.

Je peux faire face à la culpabilité si je suis prêt à m'assumer. La culpabilité existe par ma peur d'être la personne que je crains être. J'ai peur du jugement tranchant des autres, peur de me retrouver exclu.

L'ordinateur! Lui peut se vanter d'avoir contribué à vaincre ma peur du jugement. Je ne connaissais strictement rien à cette machine bizarre. Pour les besoins de mon premier livre, "Les yeux de l'intérieur, mes yeux d'enfant", il m'a fallu apprendre tranquillement et faire des efforts. Mais l'effort qui a le plus exigé de moi, en me faisant marcher sur mon orgueil, fut d'accepter de faire appel à des gens qualifiés pour m'aider. Je ne voulais pas avoir l'air idiot. Je voulais être bon tout de suite. Même encore, mon copain André est là pour m'aider à l'occasion.

Récemment une amie m'expliquait ceci: "J'évite souvent de sortir sur mon balcon lorsque j'aperçois ma voisine dehors. Je ne l'aime pas: elle trouve que je suis marginale."

Je lui ai parlé de mon amour de propriétaire, logeant juste au-dessous de chez moi. C'est un homme que j'adore. Généreux et toujours de bonne humeur, il nourrit les chats, les oiseaux, il s'occupe amoureusement de son jardin, etc. Il a installé chez lui une porte-patio de neuf pieds donnant sur sa cour et il a fait de même pour moi sans augmenter le loyer l'année suivante. Je l'aime comme il est et pour ce qu'il est. Il m'enseigne tellement. Je prends l'enseignement où il se trouve. Sa leucémie vers l'âge de vingt ans l'a amené à considérer la vie comme un cadeau offert sur un plateau d'argent. Lorsqu'on jase ensemble, il me taquine régulièrement en souriant de mes drôles d'idées. Il me trouve étrange avec ma philosophie sur la réincarnation. Par contre, il met en pratique beaucoup plus de choses que la plupart des gens que je connais, y compris moi. La réincarnation, Dieu, la médiumnité ne signifient rien pour lui, mais poser des actes concrets d'amour compte beaucoup plus. Faudrait-il renoncer à cette belle amitié simplement parce que nous ne croyons pas aux mêmes choses?

C'est précisément cette différence entre nous qui donne la richesse et la beauté de notre amitié et également de la vie. Cette dernière deviendrait une lutte constante pour rencontrer seulement des gens possédant les mêmes idées que moi et j'aurais passé à côté de tout l'amour de mon propriétaire. Restreindre ma vie au cas où les autres penseraient ceci ou cela endort profondément ce que je suis vraiment, un être libre et joyeux. Si je suis malheureux avec mon conjoint, vais-je continuer à vivre avec, au cas où? Parce que ta voisine est dehors, vas-tu éternellement t'empêcher de profiter de ton balcon et du soleil? Tu peux la saluer sans lui parler si tu n'as pas le goût de lui parler. Moi aussi j'ai un voisin qui ne m'attire pas particulièrement. Je ne suis pas enthousiasmé de parler automobile durant une heure à chaque fois que je le vois, alors je continue mon chemin. Parce que mon amie craignait le jugement de sa voisine - elle va me juger, dire que je suis une extra-terrestre - elle se privait du plaisir de son balcon.

Je ne peux plaire à tous. Une de mes amies préférait aller dîner seule au restaurant pour éviter la compagnie de certaines personnes médisantes à son travail. Toutefois, incapable de vivre le sentiment d'être tenue à son tour à l'écart par ses collègues, elle est revenue dans le groupe. Aujourd'hui, si elle diffère d'opinion avec quelqu'un d'autre, elle assume cette différence.

En cultivant mon estime personnelle, je n'ai plus besoin de plaire à tout le monde. J'admets ne pas avoir d'affinité avec tout le monde et par conséquent, j'accepte plus facilement que certaines personnes éprouvent aussi la même chose à mon égard.

Lors des cours au centre, bien souvent les gens m'avouent leur gêne et leur peur face à moi. "Tu nous as fait peur au début." Bien que le dimanche, les gens m'aiment bien et parlent avec emballement de leur fin de semaine, au début j'ai quelquefois de gros défauts à leurs yeux. Ils me jugent. Cependant, je suis le même, vendredi, samedi et dimanche. Je mets toujours le même amour dans mes cours et dans ma vie de tous les jours. J'ai si souvent expérimenté que tout est possible par mes actions au quotidien et si souvent récolté des cadeaux de toutes sortes, bien-être intérieur, paix, détachement émotif, dédramatisation de ma vie, etc. que je comprends maintenant que cette démonstration peut avoir un caractère très dérangeant pour la personne qui tient mordicus à s'apitoyer sur elle-même plutôt que de transformer sa vie. Voir l'autre réussir là où j'ai peur d'aller, provoque une perspective très confrontante pour moi. Donc je préfère souvent juger et trouver des défauts à l'autre que de me regarder honnêtement. Tout le monde juge tout le monde. Le fait de voir une personne elle-même en démarche personnelle me juger me ramène à moi.

En entrant au supermarché, il y avait un itinérant en train de quêter. Au moment où j'allais lui donner quelques sous, je le vois s'allumer une cigarette. À le voir stupidement dépenser son peu d'argent en abîmant sa santé en plus, ma colère a grimpé d'un coup sec et a pris instantanément le dessus sur ma compassion. Résultat: je suis passé tout droit, méprisant. Quelques minutes plus tard, un peu calmé, mon terrible jugement de valeur s'est imposé à mes yeux. De quoi je me mêlais? Qui étais-je pour le condamner? Pour réparer ma faute envers cette personne et dépasser mes pensées de jugement, je suis retourné lui donner de l'argent et prendre aussi le temps de le connaître. Maintenant, je le rencontre régulièrement et nous faisons un bout de conversation ensemble. J'ai appris à connaître cette personne et à dépasser l'apparence.

Ma vie est basée sur le respect. Je laisse vivre les autres et travaille sur moi. De toute façon, j'ai bien assez de sujets à m'occuper sans gaspiller sottement mes énergies à juger et chercher à changer ceux qui ne le veulent pas. Je mets en pratique de ne pas juger les autres, même si cela m'arrive encore. Je m'interroge plutôt sur: pourquoi ai-je attiré tel ou tel événement ou personne? Qu'est-ce que j'ai à apprendre sur moi? Qu'est-ce que la personne me reflète au sujet de mes attitudes et mes pensées?

Laissez-moi vous parler de Pierre, mon médecin. C'est une personne qui m'a beaucoup aidé et qui continue à m'apporter énormément à chacune de nos rencontres. Il m'a poussé à relire "Illusions" de Richard Bach, m'a envoyé faire des "rebirths", m'a envoyé voir des médiums (channeling). Un jour, je lui ai donné mon livre en lui disant espérer qu'il l'aime. Il m'a répondu qu'il était seulement en mesure de me dire si mon livre le rejoignait ou non. "Aimer ou ne pas aimer, mon cher François, c'est mental", m'a-t-il déclaré avec un petit clin d'oeil. "Par contre, je peux te dire si ton livre me rejoint ou non. Tout est bon, absolument tout, mais parce que je vis une expérience bien précise sur terre, tout ne me touche pas nécessairement." Pierre venait de m'ouvrir un nouvel horizon, celui du respect et de la tolérance.

Comme pour mon livre, il en va de même pour les gens qui m'entourent. Certains me rejoignent et d'autres non. J'ai parfaitement le droit de choisir si un voisin me rejoint ou pas. Mon propriétaire me rejoint, car peu importe ce qu'il croit, il est rempli d'amour et exprime cet amour.

Tout se passe dans notre tête. Tous, nous avons nos peurs, nos jugements sur les gens et les choses. As-tu peur d'être laid, de n'être pas assez intelligent? Au bout du compte, je me rends compte que la plupart des gens vivent la même insécurité que moi. Tout le monde a peur d'être ridicule. Mais je ne donne plus mon pouvoir à ma peur en m'écrasant dans mon coin et en faisant comme tout le monde.

Mes peurs ne pourront jamais me vaincre si je les affronte. Ma peur de l'opinion des autres, de l'argent, d'être seul, de la réaction de mon conjoint, etc. aucune ne triomphera si je vais au bout de mon défi. La victoire m'appartiendra toujours. Mes peurs ne sont là que pour me permettre de me dépasser, de reculer mes limites et de puiser dans ma puissance intérieure. Cela ne se réalisera pas nécessairement en un claquement de doigts, mais en bout de ligne, mon triomphe sera encore plus éclatant si cela représente un effort de longue haleine.

Un effort de longue haleine est un effort qui dure dans le temps, et non pas une résolution du nouvel an qui ne tient pas une semaine. Combien de fois ai-je été témoin à mon centre de conditionnement physique de gens nouvellement inscrits, emballés par leur récente décision de se prendre en main, quitter graduellement l'entraînement devenu au fil des jours un lourd fardeau au lieu d'un jeu progressif? Rien ne sert de se lancer à corps perdu si c'est pour courir comme une poule sans tête. Il y a plus de mal qui a été fait en voulant courir dans les marches de l'évolution, qu'en les montant une par une.

La vie n'est pas une lutte, mais un jeu. Il faut collaborer avec notre peur, l'accueillir comme on accueillerait un ami désemparé qui cherche du réconfort. Il faut la traiter avec compassion et accepter sa présence de la même façon que j'accepte le fait que mon ami soit désemparé.

Quand un ami vient vers moi, je lui ouvre ma porte et

mon coeur, je l'écoute. Quand je m'aperçois qu'une peur frappe à ma porte, je suis curieux, je vais voir. Après l'étonnement et la surprise de cette rencontre inattendue ou quelquefois redoutée, je fais connaissance avec ma peur, je l'écoute, je lui parle, je lui demande d'où elle vient. J'échange avec elle. Ce contact alarmant au début, pave la voie de la réconciliation. Doucement, je la démystifie et l'apprivoise. Le miracle se produit et la peur perd son visage menaçant pour s'envoler, ou du moins, fondre d'importance.

L'orgueil

Le mental est un ouvrier infatigable quand il s'agit de se jouer de moi. Il invente sans cesse de nouveaux trucs pour conserver le contrôle sur ce que je fais, dis et pense. Il me fait penser au paresseux qui se fatigue pour trouver des moyens de s'esquiver du travail. Ici sur terre et tout au long de ma vie, ce travail s'exprime par la chance fabuleuse de pouvoir prendre ma vie en main en interrompant le cycle des prétextes qui me permettent de m'en laver les mains.

Mon orgueil me fournit en permanence d'excellents prétextes pour jouer à l'autruche et me cacher la tête dans le sable. Il tente régulièrement de m'influencer négativement dans mes actions. Il agit de plusieurs façons, mais toujours avec une terrible efficacité si je me laisse prendre au piège. Il se présente sous maintes apparences. L'entêtement à ne pas pardonner, les belles excuses, la peur de ce que peuvent penser les autres sont les premiers visages de ce saboteur. Mais il en existe de nombreux autres. Sans vouloir en effectuer une liste complète, ajoutons à ceux-ci le fait de toujours vouloir avoir raison, arranger la vérité à sa façon pour ne pas avouer notre tort et perdre la face, "embellir" un fait pour mieux paraître, jouer l'enfant gâté et taper du pied devant un refus, vouloir tout, tout de suite sans le moindre petit effort.

Est-ce qu'il m'arrive de transformer la vérité à mon avantage?

Durant la rédaction de "Les yeux de l'intérieur, mes yeux d'enfant", je disais aux gens avec lesquels je travaillais, qu'en définitive, c'est moi qui faisais le gros du travail et que François fournissait quelques idées. J'avais un important besoin de valorisation et quoi de plus facile à ce moment-là d'adapter la vérité à mes besoins. La vérité, c'est qu'avec ou sans moi, François aurait écrit le livre. J'avais un texte déjà rédigé, il ne me restait plus qu'à améliorer le français.

Vouloir avoir le dernier mot! Quoi de plus irritant qu'une personne qui veut constamment avoir le dernier mot et qui réplique sans cesse! Tout le monde connaît un "petit-jo-connaissant"! J'ai connu un ami qui parlait de tout et de rien en ayant bien sûr une opinion sur n'importe quel sujet. Un jour, je lui partageais mes impressions sur un livre que j'avais aimé plus ou moins. Et tout à coup, le voilà parti à m'expliquer la théorie du livre, le message, sa portée, etc. Il n'avait même pas lu le livre! Il parlait du livre en se basant sur de petites bribes d'informations glanées ici et là.

Moi de mon côté, j'étais un spécialiste du "oui, mais..." Toujours la réplique prête, toujours à essayer d'avoir le dernier mot, toujours à tenter de défendre mon point de vue au lieu d'accepter qu'il existe autant de visions des choses qu'il y a d'individus sur terre. Chercher continuellement une réplique à placer me coupait de l'autre. J'étais occupé à penser à ce que j'allais dire plutôt que d'écouter ce qu'il disait. La langue me brûlait, tellement j'avais hâte de placer un mot. Mon estime de moi était si faible que le besoin de me valoriser en gagnant sur l'autre, ou du moins en ayant cette impression, primait sur mon écoute. En imposant mes idées, ma valeur personnelle augmentait à mes yeux.

Il existe aussi l'orgueil, causé encore une fois par une estime de soi en chute libre, de ne pas reconnaître sa propre valeur. J'ai rencontré des gens qui, bien que choyés par de multiples talents, se rabaissent fréquemment. Ils ne sont pas assez bons, pas assez beaux, pas assez ci ou assez cela. Ma première amie était une très très belle fille dont tous les garçons rêvaient. C'était amusant de les voir ouvrir de grands yeux à son passage. Mais elle, elle ne riait pas. Elle détestait ses cheveux qui frisaient trop à son goût. Elle en avait honte et s'imaginait que tout le monde se moquait de ses cheveux. Aux premiers jours de la maison d'édition, je distribuais moi-même mes jeux de cartes et mon livre dans les divers points de vente. Mes amis me trouvaient audacieux de faire ce travail, de dire aux gens: "Voyez, ceci est mon jeu et cela, mon livre." Ils auraient été trop gênés pour le dire sans embarras. Pourquoi aurais-je honte de mes réalisations? Parce que cela paraît orgueilleux et prétentieux? Certains se promènent dans la vie en clamant haut et fort: "Je ne suis pas prétentieux, je ne suis pas orgueilleux" et quand survient l'occasion de ramasser un cent par terre sur le trottoir, ils font semblant de ne pas le remarquer et continuent leur chemin sans le ramasser craignant pour leur orgueil. "Si quelqu'un me surprenait, j'aurais l'air "cheap"!" C'est drôle, moi je le prends et affirme: "Merci mon âme: un cent de chance! Merci pour ta présence continuelle."

Quand mon frère est mort, mon meilleur ami André n'est pas venu me voir. Il s'est montré le bout du nez à l'enterrement alors que l'on jetait la terre sur la tombe. J'étais en colère. Au point de refuser de le voir durant un an ou deux. Hypnotisé par ma colère, je ne voulais rien savoir de lui. J'étais fermé, inflexible. Un jour, André m'a invité à souper et m'a demandé pourquoi je ne lui parlais plus, pour quelle raison je ne retournais pas ses appels. Je lui ai dit. "Mon frère venait de mourir et toi, tu n'as même pas été capable d'être là. Moi, j'ai toujours été là pour toi. Tu as toujours pu compter sur moi. Durant ta peine d'amour, je t'ai supporté et épaulé cinq ans. Et toi, où étais-tu pendant que moi j'avais besoin de toi?" "François, je n'étais pas capable de te voir pleurer, toi qui aidais tout le monde. Malgré la gravité des événements, tu gardais le sourire, tu étais tout le temps à aider tout le monde. Je n'étais pas capable de te voir malheureux et de te voir pleurer." Une chance qu'il m'ait assez aimé pour prendre la peine de s'expliquer!

André m'a rendu un gros service en osant me dire cela. Mon rôle de sauveur, de gars fort qui s'oublie pour secourir les gens en difficulté m'est apparu brutalement. Il n'existe aucun problème à aider les gens; le problème apparaît quand je m'obstine à aider ceux qui ne le veulent pas ou aider tout le monde sans distinction tellement j'ai besoin inconsciemment qu'on m'apprécie. Moi, j'avais préféré la fermeture et la froideur de mon armure de protection avec André. Je tenais mordicus à sa présence à la mort de mon frère. C'est lui que je voulais et personne d'autre. J'étais agressif, je vivais mal mes émotions, j'étais un frustré ambulant de la vie. Je n'avais pas ce que je voulais à ma façon, alors je tapais du pied. Et à cause de mon comportement, j'ai pris des années à m'apercevoir que la vie m'avait donné autre chose à ce moment-là, un cadeau que je n'avais pas su apprécier. Mon ami Bruno, qui restait à Sherbrooke, avait pris une semaine de congé à son travail pour être à mes côtés et me prendre dans ses bras de peur que je perde les pédales. Je n'ai rien vu de ce geste d'amitié. J'étais trop occupé à vouloir André. Je voulais du réconfort, mais seulement par André, un point c'est tout.

Combien de fois avez-vous tapé du pied ainsi?

Mon âme imagine toujours une solution à mes problèmes, mais pas toujours celle que j'imagine avec ma tête. André n'était pas en mesure de m'aider, alors mon âme m'a envoyé Bruno.

La culpabilité

Lorsque je m'aperçois de mes comportements nuisibles, la tentation de succomber à la culpabilité est très forte. Je me glisse dans son carcan étouffant pour m'enlever le poids de la responsabilité sur les épaules. En faisant pitié, je souffre au moins un peu pour mes niaiseries. Je paye pour mes "péchés". En vérité, la culpabilité n'est présente que pour satisfaire mon mental. Mon mental ne veut rien changer dans le fond, car il perdrait son contrôle.

Alors il s'est inventé une excuse pour lui permettre de faire semblant de vouloir changer tout en gardant précieusement le comportement qu'il connaît pour sa sécurité. La culpabilité ressemble à une variation de "La vie est dure, il faut la gagner." Je fais des efforts ou je paye, ce qui me garantit alors le droit à une petite gâterie. Car la culpabilité exprime le fait d'avoir assez payé pour justifier la permission de recommencer.

Sceptique? As-tu déjà été en boisson, très en boisson, au point d'aller visiter de toute urgence les toilettes? On appelle alors l'opératrice, tu sais, le gros téléphone blanc dans la chambre de bains et on lui promet de ne plus recommencer: "Je ne le ferai plus, plus jamais. Oooh, que je suis malade!" Et pourtant... Moi, j'ai recommencé souvent! Que je me suis souvent plaint au réveil, le matin d'un fantastique mal de tête en jurant que c'était bien la dernière fois, avant de retomber la fin de semaine suivante dans l'excès encore une fois!

La boisson est un mauvais exemple? Parfait! Et le chocolat, les chips, la cigarette, les patates frites, etc. Combien de centaines de fois as-tu déclaré solennellement: "je ne le ferai plus" parce que tu étais mal, parce que sur le moment tu te sentais honteusement coupable? Combien de fois as-tu prononcé cette promesse naïve pour recommencer aussitôt le lendemain? Ceci est la même dynamique que battre ses enfants, se sentir coupable et recommencer la semaine suivante, tromper son mari, se sentir coupable et céder encore la fois d'après, promettre une sortie au parc d'amusement et à l'improviste - comme d'habitude - avoir un empêchement, se sentir coupable et promettre une plus grosse sortie pour se faire pardonner et la reporter encore sous un autre prétexte, etc. "Je ne le ferai plus, je ne le ferai plus, je le jure!" et on recommence. Lorsque je recommence, cela signifie que je n'ai pas compris. Rien n'est réglé.

La culpabilité équivaut à affirmer: "Je ne suis pas correct." "Je suis mauvais, je ne vaux pas grand-chose." Je me sers d'elle pour payer le mal fait ou que j'imagine avoir fait. Et une fois que je me sens assez coupable, je suis prêt à recommencer. J'engraisse, je me sens coupable, je fais attention un peu, le temps de calmer ma mauvaise conscience et de payer ma faute et ensuite, je reprends où j'en étais rendu.

La culpabilité, création du mental, justifie à son tour l'existence de son créateur qui souhaite tant contrôler ma vie. Privé de ma conscience, je deviens une marionnette dans les mains de mon mental. Il peut faire de moi ce qu'il veut. Et ce qu'il veut, c'est avoir le rôle majeur dans ma vie et surtout ne pas le partager avec ma partie divine. Il agit comme tout bon dictateur qui veut assurer sa suprématie sur tout. Pour ce faire, il invente toute une panoplie d'artifices pour me tenir occupé pendant qu'il tire tranquillement les ficelles. La répétition des mêmes comportements, malgré l'émotion de dégoût que je ressens parfois envers moi-même, est la preuve que la culpabilité n'est qu'un leurre. Si la culpabilité était sincère, je serais incapable de supporter mon dégoût et j'arrêterais immédiatement mon comportement. J'arrêterais afin d'éviter sa venue et comprendre pourquoi je refais toujours la même chose. Je ne recommencerais jamais. Quelquefois, je me vois comme un enfant qui dit: "je ne le ferai plus maman."

Je reproduis les mêmes effets, mais avec des apparences différentes pour apprendre la leçon. En effet, si je reproduis l'effet, il y a nécessairement une cause profonde encore invisible pour l'instant.

La culpabilité s'exprime aussi par ce petit scénario digne des grandes comédies: - Je veux maigrir, alors plus de chocolat! Je vais plutôt opter pour un bon souper. Le soir arrive et: - Bah! juste un petit morceau. Là, je me sens coupable et: - Tant qu'à être parti, je suis aussi bien continuer!

Je veux maigrir? Est-ce que je fais de l'exercice? Non? Ah! je ne veux pas faire d'efforts. Pardon? Ce n'est pas cela? Je veux être svelte, mais sans raffermir mes muscles et ma chair. Mon extérieur est le reflet de mon intérieur: où est-ce que je manque d'effort dans ma vie? Faire un effort physique cela m'exigerait beaucoup. Si je comprends bien, je veux avoir les choses facilement, mais sans faire l'effort d'aller les chercher. C'est comme vouloir du lait dans ses céréales, mais se contenter de l'eau parce qu'il faudrait aller au dépanneur en chercher et que je n'ai pas le goût de m'habiller pour y aller.

Désolé, mais ça ne marche pas ainsi dans la vie. Il faut faire des efforts, faire de la natation, du sport. J'ai commencé à maigrir lorsque j'ai commencé à prendre ma vie en main, pas quand j'ai suivi des régimes. Quand je mange des croustilles, je suis prêt à dépenser ces calories. Nous voudrions tout avoir sans l'effort nécessaire. Le goût des "gâteries" me séduit de moins en moins pour laisser mon goût de l'effort et d'une bonne alimentation se développer. Je n'ai jamais mangé autant de fruits et de légumes. Tout cela s'est fait graduellement et non du jour au lendemain. Au début, le sac de croustilles demeure bien plus tentant que le melon d'eau, mais je prends de plus en plus plaisir à prendre soin de moi. J'ai pris le temps de gravir chaque marche. J'ai apprivoisé tranquillement des saveurs inconnues, délicieuses d'ailleurs, dans une nouvelle cuisine saine et équilibrée. Je me serais saboté en voulant tout changer, tout de suite. Car lorsque je m'attaque à une tâche plus grande que prévue, je cède facilement au découragement.

La prochaine fois que je me sens coupable, parce que je me rends compte, par exemple, que je dénigre un ami, j'en prends conscience et arrête au lieu de continuer à m'y enfoncer. Je prends la responsabilité de mes pensées. Quand je réagis, quand je viens de faire quelque chose qui n'est pas correct, je regarde ce qui m'a poussé à le faire, je réfléchis, et apprends à trouver moi-même mes réponses.

Je dois comprendre pourquoi j'agis de cette manière irresponsable. Je remarque que la barre de chocolat ou le sac de croustilles ou la bière survient souvent après une frustration. J'ai aussi tendance à me donner des récompenses quand je calcule avoir fourni un gros effort durant une période de temps valable. J'ai mangé de bonnes choses, alors le soir, je me récompense avec une "gâterie". Le sabotage est causé par le besoin de me reconnaître, de me féliciter. J'ai besoin de me gâter, car personne ne m'a gâté dans ma vie. Je mange mes émotions sans être capable de parler de ce que je vis. Ou bien je parle, je parle, je parle et ne fais rien, ce qui me rend encore plus coupable. Alors je mange encore plus pour enterrer mon sentiment de "bon à rien".

Que faire de ma culpabilité? C'est simple et exigeant

à la fois: l'arrêter. J'arrête de me sentir coupable, cela ne me sert à rien. Si j'ai le goût de manger des "gâteries", je comprends pourquoi j'entretiens ce comportement. Avec cette connaissance, mon goût disparaît graduellement. Mais attention! Des changements additionnels surviennent lorsque je change une partie d'un tout. La partie affecte le tout. Je suis de moins en moins d'accord avec les gens négatifs autour de moi. Les gens habitués à ma culpabilité risquent de se sentir déséquilibrés par mon changement et d'avoir de petites réactions. Comme eux aussi jouent divers rôles, je viens déstabiliser leur univers contrôlé. Si je suis, par exemple, habitué de côtoyer des personnes médisantes, en quittant leur compagnie, libéré de ma culpabilité de partir, j'aurai probablement droit à quelques remous. En prenant ma vie en charge, certaines personnes négatives partiront. De toute façon, que faisaient-elles dans ma vie? Mais, une place vide se remplit. C'est une loi de la physique. Ce vide sera comblé par des personnes qui m'acceptent sans que j'aie besoin de jouer le rôle du grand coupable.

La culpabilité éliminée, je prends la responsabilité de ma vie. C'est moi qui mange les "gâteries", personne d'autre. Alors c'est moi qui dois arrêter.

Ma culpabilité cache ma peur de me voir jugé. Pour vraiment déloger ma culpabilité, je dois aller directement au coeur de sa raison d'être. Éviter cette démarche me condamne à revenir à ma culpabilité tôt ou tard. Car je ne règle rien. Elle existe toujours et attend une occasion - une grande émotion - pour refaire surface. Quand j'ai arrêté de fumer la première fois, je l'ai fait pour les autres. J'avais peur de passer pour un faible, incapable de s'arrêter quand il le veut. Tout de suite après ma séparation, j'ai couru au dépanneur m'acheter un paquet de cigarettes. J'avais cessé pour les autres et non pour moi. À la première grosse émotion, j'ai compensé aussitôt avec la cigarette.

Mon mental ne me contrôle pas. En prenant la responsabilité de ma vie, j'ai renoncé à rendre les autres coupables de mes maux. Le bonheur s'est installé progressivement. J'ai commencé à faire connaissance avec la personne merveilleuse qui se cache à l'intérieur de moi. En admettant n'être pas parfait, avoir des côtés de moi à améliorer et que chaque personne côtoyée peut m'en apporter l'occasion dans la vie, j'ai commencé à grandir. Grandir signifie augmenter mon estime de moi, toucher et apprivoiser des aspects cachés de moi. Cela dure depuis plusieurs années alors ma paix et mon harmonie intérieures grandissent sans cesse.

Que je le croie ou non, je suis une personne extraordinaire. Je ne fais aucune mauvaise expérience, car toutes me permettent de comprendre ce que je suis et vers quoi je vais. À ma séparation, je me sentais coupable de ne pas avoir été à la hauteur dans ma relation. Aujourd'hui j'ai appris que je n'ai pas à me sentir coupable: j'étais malheureux avec ma conjointe. Quand j'ai mis la culpabilité de côté, je me suis aperçu que j'ai vécu huit années sur neuf malheureux. Je la trouvais bête, j'étais bête. Je la trouvais orgueilleuse, j'étais orgueilleux. Je la trouvais obstinée, j'étais obstiné rare. Elle voulait toujours avoir raison, je voulais toujours avoir raison. J'ai vécu neuf ans avec mon meilleur miroir. J'avais énormément de connaissances, mais aucune pratique. Je ne faisais rien pour moi, pas d'effort, aucun sport. J'avais la télécommande de la télévision greffée au bout du bras. Je fais du conditionnement physique maintenant; je vais au dépanneur en vélo ou à pied au lieu de choisir la voiture. Au lieu de me sentir coupable, j'ai décidé de m'aimer. Et ça fonctionne.

La vie est belle. Je découvre un univers nouveau autour de moi depuis que la télévision ne garde plus jalousement tout mon temps. Quand je la regarde, c'est parce que je le choisis. L'important, c'est ma vie. Je veux être l'acteur principal de ma vie, pas le spectateur déçu par une pièce sans imagination.

Résultats du cycle Avoir-Faire-Être

Quels sont les résultats du cycle Avoir-Faire-Être? L'inconscience, la frustration et l'attente décevante d'un quelque chose de meilleur qui me sauvera.

Je ne suis pas du tout conscient de ce que mes pensées, mes paroles et mes actions génèrent. J'achète alors de nombreuses idées provenant de différentes sources négatives et j'accepte leur existence en moi comme étant des vérités immuables. Ignorant le pouvoir de mes nouvelles idées, de mes paroles et de mes gestes sur ma vie, j'utilise ma puissance sans discernement, construisant d'une main pour défaire de l'autre. Mon pouvoir de réaliser ma vie de façon harmonieuse et créative m'échappe. Pareil à un enfant qui ne sait pas jouer avec le jeu reçu à sa fête, je joue avec la boîte à défaut de comprendre comment me servir du cadeau. En achetant les idées des autres, je leur donne le privilège de contrôler ma vie et mes pensées. Ancré dans mon attitude d'avoir raison et dans mon orgueil, attaché à mes croyances et à mes excuses, ma vie devient un drame continuel. Je me borne à dire que je suis comme cela, un point c'est tout. Je ne suis pas responsable et par conséquent, je peux me plaindre et rester sur mes positions étant donné que ce sont celles des autres qui ne sont pas bonnes. Ne pas être responsable me donne la permission de maintenir ma vie sous un piètre éclairage, de continuellement la parsemer de hauts et de bas extrêmes. La vie est belle et hop!, le lendemain elle est soudain devenue affreuse et impossible pour redevenir belle le surlendemain.

Je suis prêt à changer en apparence, mais au fond de moi, le doute subsiste. Comme l'âne que l'on fait avancer en tenant une carotte suspendue devant lui, j'avance dans l'espoir d'avoir la carotte, une vie belle sans problème. Mais comme l'âne, mes efforts demeurent vains, car je ne vois pas l'ensemble de la situation. Manipulé par mon orgueil et mes peurs, je me laisse diriger dans des culs-de-sac.

Puis, je deviens l'esclave frustré de mes réactions. Chaque événement ou personne qui bouleverse mon petit quotidien, le petit monde où j'exerce mon contrôle, provoque en moi des émotions incompréhensibles. Mes émotions en folie me rendent la vie difficile. Sous le coup perpétuel de mes réactions émotives, mon for intérieur est mis sens dessus-dessous. Face à mes déceptions, la frustration m'envahit et j'accumule des émotions non-libérées qui me rongent par l'intérieur. La rancune s'installe. N'étant pas conscient que c'est moi qui engendre cette avalanche de réactions, je cherche à l'extérieur ce qui ne va pas. Je cherche un responsable, Dieu, la société, mon conjoint, le fait d'avoir des enfants, le gouvernement, etc. Je cherche, car je ressens, lorsque je suis plus vulnérable, un vide en moi qui me donne un sentiment tellement inconfortable que je suis prêt à bien des duperies pour l'ignorer. Pour combler ce vide, commence alors une interminable chaîne de désirs qui calment mon inconfort lorsqu'ils sont réalisés. Mais cet inconfort ne peut se solutionner en enfilant simplement désir par-dessus désir. Alors je continue à être insatisfait en espérant, avec moins de conviction de jour en jour, que la vie m'apportera une solution à mes problèmes.

Et j'attends. Le désir de contrôler la vie des autres grandit alors dans l'espoir d'obtenir ce que je cherche: "Tu devrais faire ceci ou cela, ça te rendrait bien plus heureuse." Je travaille fort pour peu de résultats. Je démissionne, j'ai un gros ego, mes limites me semblent des montagnes insurmontables, ma liste "d'épreuves" s'allonge et la mesure d'insatisfaction grimpe sans cesse tandis que mes rêves s'estompent doucement. Mes résultats sont décevants, jamais à la mesure de mes rêves.

Cela m'amène un énorme lot de frustrations à travers quelques plaisirs réels dans ma vie. Mon bonheur dépend de ce que les autres sont prêts à me concéder. Je n'apprends pas à être bien avec ce que j'ai maintenant. Je n'apprécie pas l'ici et maintenant. Je pleure mes déceptions et ne comprends pas pourquoi je reste sur ma faim avec ma vie.

La vie passe comme un éclair

Est-ce que je vais rester sur ma faim éternellement ou est-ce que je décide d'améliorer ma vie immédiatement? Finalement, qu'est-ce que j'attends de la vie?

Ma tante Blanche de 94 ans m'a ouvert les yeux sur cela. Presque toute sa vie, elle s'est dépensée sans compter pour les autres, élevant ses neveux et nièces, aidant ses soeurs et frères dans leur famille respective. Elle a vécu avec beaucoup de générosité. Cependant, l'amertume est venue ternir les dernières années de sa vie. Confinée à un centre pour personnes âgées, elle regrettait amèrement de ne pas avoir su profiter plus de sa vie. Elle avait tellement centré son univers sur autrui qu'elle s'était elle-même oubliée. Quand nous jasions elle et moi vers la fin de sa vie, elle me parlait souvent des chances qu'elle avait eues de se faire plaisir et qu'elle avait mises de côté pour se "sacrifier". Elle ne regrettait pas d'avoir aidé sa famille, mais plutôt de s'être négligée à ce point. Plus l'instant de sa mort approchait et plus l'aigreur l'habitait.

Elle m'a fait réfléchir profondément sur le genre de vie que je souhaitais vivre. Je voulais faire du parachutisme, apprendre à jouer de la batterie, avoir un chalet, posséder mon propre avion et faire tout plein de voyages, écrire des livres, exploiter mes talents de comédien, voir ma fille grandir et devenir une femme, connaître à fond les ordinateurs, faire des super grosses fêtes, aller en Écosse, voir le Grand Canyon, voir Disney World, apprendre la danse (ça fait bien rigoler ma fille), devenir autonome financièrement, aider de façon concrète à rétablir la paix et l'harmonie sur la terre, rencontrer des extra-terrestres, prendre le temps de cultiver un jardin. J'ai été estomaqué quand j'ai vu tout ce que je voulais accomplir avant de mourir. Et il était hors de question de sacrifier un de ces rêves. Suite au contact avec ma tante, j'ai décidé d'employer ma vie à réaliser tous mes rêves sans exception. Jusqu'à mon dernier souffle.

J'ai un ami qui trouvait ma liste de rêves exagérément longue pour être réaliste: j'avais selon lui, un gros contrat sur les bras pour un tout petit espace de temps! En supposant que je vive encore 40 ans, cela ne fait même pas un projet par année!

La vie est une eau pure à déguster.

À vingt ans, on s'ennuie de notre enfance sans responsabilité, à trente ans, de nos grands coups fous de la vingtaine, à quarante ans, de la jeunesse qui s'envole, à cinquante ans, du cran qu'on avait à vingt ans, à soixante ans, des projets qu'on avait, à soixante-dix, de la vigueur passée. Combien de personnes âgées sont placées dans des foyers et attendent la fin avec plus ou moins de peur? Et surtout de regrets. Regrets de ne pas avoir réalisé leurs rêves et d'oublier qui ils sont vraiment: des gens formidables qui n'ont exploité leur vie qu'à moitié. Certains malades, sachant d'avance qu'il ne leur reste plus grand temps à vivre, décident soudain que la vie est importante et qu'elle mérite d'être vécue à fond de train. Combien de films racontent leur décision de mordre dans la vie sans rien laisser passer!

Nous sommes bizarres, nous, les humains. Nous polluons notre eau et nous nous étonnons qu'elle ne goûte plus bon. Je saborde ma vie en abandonnant mes plus beaux rêves, en la nourrissant de pensées sombres et négatives et je suis abasourdi de vivre des déceptions.

En suivant uniquement ma raison, j'ai mis de côté des amours, des projets, des rêves. Et le plus tragique, c'est que j'hésite encore malgré tout à me laisser guider par mon coeur.

C'est au moment où un de mes proches me quitte pour un "monde meilleur" que les questions sans réponse reviennent me hanter. Pourquoi tout ceci? Pourquoi la mort? Que sommes-nous venus faire sur terre? Y a-t-il une vie après la mort? Etc. Toutes ces questions et d'autres remontent à la surface le temps d'une courte période et se font de moins en moins pressantes au fur et à mesure que les jours s'écoulent. Jusqu'à la prochaine mort.

J'ai ressenti l'impact de la mort de façon encore plus puissante lorsqu'elle a frappé tout près de moi. Celle de mon frère a bouleversé ma vie.

21 ans. Mon petit frère Serge avait 21 ans lorsqu'il est mort. La veille, nous étions en train de jaser ensemble de tout et de rien autour d'un bon café, sans trop faire attention à ce précieux moment. C'était la première fois qu'il m'en offrait un. Le lendemain, quelques heures plus tard, je lui téléphone. Ma mère, au milieu de ses larmes et de ses cris, m'apprend qu'il est mort. Serge est mort. 21 ans. Hier encore, on rigolait ensemble. La vie c'est ça, si on n'en profite pas, il est déjà trop tard, le meilleur est passé et nous, nous avons manqué le bateau.

J'ai vu plein de gens mourir, des jeunes, des vieux. Quand je travaillais aux Petits Frères des pauvres, où on s'occupait des personnes du quatrième âge que j'adorais, je voyais des personnes âgées mourir régulièrement. Le soir, je les couvrais de becs avec effusion et le lendemain à mon retour, un corps inanimé meublait le lit. La vie n'attend pas après nous. Mais nous, nous attendons après elle.

La vie passe comme un éclair. Je passe mon temps à m'occuper de toutes sortes de bagatelles, pour finalement m'apercevoir que je négligeais l'important, que soudain il y a plein d'autres choses essentielles à réaliser. Je ne fais que meubler ma vie quand je ne lui donne pas un sens. Je la meuble, puis tout à coup, j'en ressens le vide.

Toutes ces morts, collées une à une, m'ont enseigné quelque chose d'absolument capital et vital pour moi. Ma vie est courte et il est plus que temps de lui donner un sens extraordinaire. Il est plus que temps de la prendre en main. Il est plus que temps de cesser de travailler sur les autres. Maintenant, j'ai un projet qui me fait vibrer: me connaître, prendre ma vie en main et allouer tous mes efforts à transformer ma vie en une aventure captivante et joyeuse. Ma flamme divine se réveille en moi en imaginant ma nouvelle vie, celle où je me lève et concrétise mes rêves.

Je ne savais pas nager. Je voyais les autres s'amuser dans l'eau et je restais sur le bord de la piscine à envoyer les autres nager. Comme ailleurs dans ma vie, je regardais les choses se dérouler sous mon nez sans trop rien faire, sauf peut-être me plaindre que les autres étaient chanceux de pouvoir se baigner. Un jour, un petit déclic s'est fait dans ma tête. Pourquoi ne pas suivre un cours? C'est ce que je fis, sur les conseils de mon médecin, d'ailleurs. Et depuis ce temps, je ne cesse d'apprendre de nouvelles choses en m'amusant toujours plus.

À ma mort

Je nais seul et meurs seul. Tout mon cheminement effectué sur terre est pour apprendre sur moi, pas sur les autres. Mais je m'évertue fréquemment à opérer à l'envers:

je passe une très grande partie de ma vie à regarder les autres, à les épier pour les prendre en défaut, à ramasser une quantité de biens matériels très précieux à mes yeux. Je m'occupe du commerce du voisin au lieu de veiller à ma propre affaire. Seulement, j'oublie un léger détail... À ma mort, mon argent reste ici, sur terre. Le conjoint, le voisin, le patron sur lesquels j'ai tant dépensé d'énergie à vouloir changer, restent sur terre. À ma mort, j'apporte avec moi comme seul bagage, uniquement la somme de connaissances apprises et assimilées sur moi. Ma vie sert à m'améliorer, à me découvrir, à me réaliser et à m'exprimer. J'ai suffisamment de travail à faire sur moi avec ce but extraordinaire sans m'occuper en plus à changer mon voisin. Et pourtant, qu'est-ce que je fais la plupart du temps? Je travaille à changer l'autre. C'est quasiment le sport national, voire planétaire! Les religions se font la guerre entre elles pour nous donner la vérité, les partis politiques s'évertuent à nous faire comprendre qu'ils ont toutes les solutions, les compagnies nous assomment de commerciaux pour nous prouver leur supériorité, etc.

Un jour, lors de l'enterrement d'un de mes oncles, tout le monde était fier de s'en débarrasser! J'étais estomaqué par cet épouvantable sans-gêne devant sa tombe. Puis, j'ai commencé à avoir peur. J'imaginais mon corps privé de sa vie couché dans le cercueil, les gens défilant devant lui et je me demandais ce qu'ils pourraient bien penser de moi. Seraient-ils heureux de m'avoir connu? Parleraient-ils uniquement de mes travers? Mes enfants seraient-ils fiers de prononcer mon nom en public? Puis, continuant ma réflexion, je me suis dit: "Oui, mais moi, qu'est-ce que je penserais de moi?" Je venais de toucher au sens de ma vie.

De retour à la maison, j'ai écrit sur une feuille tout ce que j'avais déjà réalisé au cours de ma brève existence. Sur une seconde feuille, j'ai écrit toutes les fois où j'avais reculé et baissé les bras devant mes rêves. J'ai passé en revue mon enfance et les moments forts qui l'avaient marquée positivement et négativement. Enfin, je me suis demandé: "Si je meurs demain, quels seraient mes plus grands regrets?" J'ai fait rouler mon stylo durant une soirée complète, en creusant vraiment à fond. Je ressentais très fort l'importance de ce moment et je savais qu'il ne fallait pas passer à côté.

Plusieurs émotions plus tard, ma vie était prodigieusement plus claire. Sur la première feuille, j'étais profondément fier de tout ce que j'avais accompli jusqu'à maintenant. Pilote d'avion, auteur de trois livres, expert en informatique, père de merveilleux enfants, une relation de couple plus belle que mes rêves, la mise sur pied du centre et de la maison d'édition, mon baccalauréat à l'université, tous les gestes d'amour posés à tous les jours, payer mes dettes et pouvoir m'offrir des voyages en Europe, en Guadeloupe, en Floride, etc. Ma vie ressemblait de plus en plus à l'aventure que je voulais vivre. Ce qui m'a fait beaucoup de bien, c'est de constater et de conscientiser le fait que j'étais véritablement une bonne personne, remplie d'amour et de joie.

Ma deuxième feuille témoignait trop à mon goût des peurs qui m'avaient empêché souvent de passer à l'action. J'avais encore du pain sur la planche: il s'agissait de me retrousser les manches et de m'esclaffer de rire devant les défis dressés devant moi. De contempler mes nombreuses réalisations - je ne croyais pas en avoir autant! - m'a insufflé une énergie résolue face à ce premier jour de ma nouvelle vie.

J'ai vu que je parlais sans cesse de la température, du travail, de l'argent, de mes comptes à payer et pas assez d'amour à ceux que j'aimais. J'étais gêné de dire à ma propre fille que je l'aimais. J'étais pris de panique à l'idée de prendre mon père et ma mère dans mes bras et de les serrer très fort. J'avais obtenu un baccalauréat à l'université, mais j'étais incapable de prendre le temps de préparer une surprise à celle que j'aimais. J'avais réussi à faire partie de l'équipe inter collégiale de volley-ball, mais j'ignorais la couleur des yeux de ma fille.

Je me suis également aperçu que le tourbillon de mes émotions me coupait complètement de mon instant présent. J'étais "ailleurs": en bavardant avec mon amie, je pensais au peu de temps qu'il me restait pour faire mon lavage; en faisant mon lavage, je songeais avec inquiétude à mes travaux scolaires; en classe, je me demandais si mon amie aimerait son cadeau d'anniversaire; etc. Esclave de mes peurs, mes émotions masquaient tant bien que mal la cause profonde de mon comportement. Prendre conscience de ce tourbillon fut une étape capitale de mon propre apprivoisement. En étant plus près de mes émotions, j'ai pu les accepter et ensuite les comprendre.

Puis, j'ai pensé à une amie, Jacinthe. La veille, au téléphone, elle me confiait hésiter entre aller voir sa grand-mère en région, sachant qu'elle pouvait mourir d'une semaine à l'autre ou se laisser traîner à une fête qui ne l'intéressait qu'à moitié. J'étais comme elle. J'hésitais à prendre des choix qui tout à coup ce soir-là devenaient d'une clarté infinie. Ma vie était une hésitation. J'étais toujours tiraillé entre "je le fais, je ne le fais pas." Je n'étais pas engagé dans ma vie. Je n'étais qu'un spectateur insatisfait du spectacle. Alors, je me suis levé et j'ai décidé de participer au spectacle et d'y apporter de petites corrections, d'y apporter ma touche personnelle. Je n'ai jamais regretté ce choix. Je le bénis à chaque journée.

Chapitre 2

LA RESPONSABILITÉ CONSCIENTE:
ÊTRE-FAIRE-AVOIR

Le cycle d'action Avoir-Faire-Être m'emprisonne dans un monde de peurs et de frustrations. Je me surprends tous les jours à me conter des peurs de façon consciente et inconsciente et à y croire. Mes pensées sont très limitées et hypnotisées par le négatif. Je demeure en attente d'un déclic ou d'un événement magique provoqués par quelqu'un d'autre que moi. J'espère profondément le bonheur tout en n'y croyant qu'à moitié. Déçu, je rejette ma responsabilité sur les autres en les blâmant pour ce que je n'ai pas le courage de me donner, ni d'entreprendre.

Il y a quelques années, je m'achetais pour cinquante dollars de billets de loterie par semaine. J'espérais tellement gagner pour me sortir de mes perpétuelles difficultés financières. J'en voulais juste assez pour me me dégager de mes problèmes immédiats, mais pas nécessairement plus. Le plus comique de l'affaire, c'est que je n'osais pas changer une seule de mes combinaisons au cas où... Tout à coup que je changerais LA combinaison... Mon Dieu, que je donnais de la puissance à n'importe quoi!

J'accorde foi à des pensées telles "je ne serai jamais capable de réaliser ce projet", "je suis né pour un petit pain", "ce n'est pas moi qui gagnerais quelque chose à la loto!" Mon attente du miracle est toujours tournée vers l'extérieur de moi. Je cultive et nourris sans même m'en rendre compte un cercle truqué d'avance par mon mental. Il souffle à mon oreille "l'argent ne fait pas le bonheur" et je le crois les deux yeux fermés. En accordant foi à mes limites, j'affirme ne pas mériter de belles choses et ensuite, je suis surpris de ne pas disposer de suffisamment d'argent dans ma vie.

Mes yeux voient la vie par le mauvais bout, celui qui

assombrit la beauté et la lumière des choses. C'est beaucoup plus facile de repousser la responsabilité de ce qui fonctionne mal dans ma vie, sur les taxes, le gouvernement ou mon conjoint au lieu de regarder avec franchise mon manque d'effort personnel.

J'ai tant espéré assister au changement de caractère de mon ancienne conjointe! Je lui reprochais sans cesse des détails en oubliant, cependant, d'effectuer mes propres efforts. Par exemple, elle ne voulait jamais faire la vaisselle après le repas du soir. "Nous la ferons plus tard dans la soirée" disait-elle. Évidemment, la soirée s'écoulait et la vaisselle décorait encore le comptoir. Ma solution consistait à me plaindre d'elle plutôt que de faire la vaisselle. Si cela me dérangeait tant, c'était à moi de me lever et de la faire. En agissant ainsi, je me serais satisfait et je serais devenu un exemple pour ma conjointe. Pourquoi gaspiller cette énergie à se chicaner, alors que nous aurions très bien pu nous asseoir tous les deux, en discuter calmement, et tomber d'accord sur une solution? Pour que je choisisse de bougonner, c'est qu'il y avait un malaise plus profond et grogner contre la vaisselle me permettait d'éviter le vrai sujet. C'est à moi à changer de place dans ma vie.

Je suis le premier à admettre les bienfaits de l'exercice sur ma santé, mais prisonnier d'une vie stressante, je néglige de prendre le temps nécessaire et rejette la cause de mes maladies sur le dos de la société. En niant ainsi ma responsabilité, je sabote continuellement mes satisfactions éventuelles. Mon estime de moi dégringole et je me complique la vie de façon incroyable. Je dépends de tout et suis soumis sans gouvernail aux gens et aux événements.

Heureusement, un problème m'annonce toujours

l'existence d'une solution. Aucun problème n'existe sans qu'il ne me soit donné une clé pour le résoudre. Or, cette tâche de la trouver m'incombe. Au lieu d'attendre la mort et de critiquer la vie, je construis ma vie. C'est en imaginant sans cesse de nouvelles solutions que je me rapproche de mon but divin, soit d'exprimer Dieu dans tout ce que je suis. Dieu souhaite le bonheur pour sa création entière, moi inclus, mais il nous a laissé le soin de fournir l'effort afin de le bâtir selon notre désir et notre inspiration. De toute façon, j'adore jouer au détective en "enquêtant" sur les autres, alors pourquoi ne pas exploiter ce flair pour mon propre service! Une solution cachée à mes yeux n'implique pas son absence totale. D'ailleurs, elle reste dissimulée bien souvent parce qu'elle ne correspond pas à celle souhaitée par mon mental. En fait, il n'y a pas de problèmes, uniquement des solutions. Cette affirmation est ma marque de commerce. Je la répète sans cesse et ma vie se transforme en une longue série de joies et de succès.

Mon accumulation de chances inattendues déconcerte mes amis. Ils se demandent quel est mon truc, quelle est ma recette. Les gens qui me fréquentent m'expriment souvent: "Oh toi! On sait, ce n'est pas pareil! Tu es chanceux." Comme si la chance est un phénomène inexplicable qui me tombe dessus à la naissance plutôt que d'être, tout simplement, un état d'esprit positif et réceptif. Ma recette est simple: une foi inébranlable en la vie, l'écoute de ma voix intérieure et la confiance placée en ma puissance divine.

Nancy et moi avons traversé une période très difficile financièrement. Nous étions au bout du rouleau. Le Centre n'était qu'à ses premiers balbutiements et le réfrigérateur, désespérément vide. En regardant notre édredon et nos draps déchirés, j'en ai eu assez. Je venais tout juste d'écrire à mon âme le matin et de faire mes affirmations sur mon abondance illimitée.

- Viens Nancy, on va s'acheter des draps et un édredon.

- Mais voyons, François, nous avons seulement l'argent nécessaire pour se permettre une dernière épicerie.

- Justement, j'ai fait tout ce que j'ai pu, j'ai le droit de me permettre de dormir dans des draps qui ont de l'allure. Je fais confiance à la vie. Il nous faut des draps et un édredon. Nous allons dans l'ouest de Montréal, il y a un magasin européen et nous allons trouver. Viens.

- Pourquoi si loin?

- Je ne sais pas pourquoi, mais ça me le dit.

- Après tout les problèmes que nous avons, tu suis encore ta voix?

- Oui, je lui fais confiance. Viens.

Nous n'avons rien trouvé dans ce magasin et pour cause, la grandeur des lits européens diffère des nord-américains.

- Viens, j'ai le "feeling" que chez "Wise" à Longueuil, nous allons trouver.

Nous y sommes allés et encore une fois, nous sommes ressortis bredouilles. Ce magasin ne vendait même pas de draps. À l'extérieur du magasin, il y avait un kiosque de

Loto-Québec. Ma petite voix s'est alors faite plus insistante: "Vas-y!" "Pourquoi pas!" me suis-je dit.

- Avez-vous un "Dollar d'été"?

- Désolé monsieur, il n'en reste plus.

- Avez-vous un autre "gratteux" à un dollar?

- Oui, celui-ci.

- Hummm... Je vais prendre celui-là.

- Celui-là?

- Non, l'autre à côté.

- Cela vous fera un dollar, monsieur.

- Merci.

À votre avis, quel montant se cachait dans les cases?

- Chérie, je... je crois qu'on...

- François, on a gagné $10,000!!!

Au moment où tout semblait perdu, mon âme a su répondre à ma demande. Elle s'est manifestée, lorsque j'ai mis de côté ma peur, mes idées négatives et mes attentes. Je lui ai laissé l'espace pour qu'elle me donne la meilleure solution possible pour moi et non celle à laquelle je tenais mordicus.

Je suis ici pour me réaliser

En cherchant à résoudre mes problèmes, je me réalise. En imaginant tout le temps de nouvelles solutions, j'apprends à les puiser directement à l'intérieur de moi, j'apprends à contacter mon côté divin. Par mes démarches et mes accomplissements, par mes actions et ma confiance, la vie prend alors pleinement son sens, soit celui de la créer selon mes plus beaux rêves, au lieu de la regarder passer. Plus je manifeste de l'amour dans toutes mes actions, plus je crée un univers comblé de beauté et d'abondance. Tout s'enchaîne. Je deviens l'acteur principal dans ma pièce de théâtre au lieu du spectateur qui se demande sans cesse ce qu'il adviendra du héros.

C'est bizarre comment nous sommes, nous les humains. Tous, sans aucune exception, nous souhaitons très fort la même chose: une vie plus facile, une vie avec plus d'amour, une vie qui ne se limite pas seulement à une série interminable de journées de travail jusqu'à la pension. Et lorsqu'une belle occasion se présente pour enfin changer un peu notre vie pour le mieux, nous la repoussons en prétextant que ce n'est pas pour nous, que cela ne se peut pas, que c'est trop beau pour être vrai, etc.

Un de mes bons amis, qui se plaignait du peu d'intérêt que suscitait en lui son travail, s'est vu offrir, sans avoir cherché, un poste plus valorisant et mieux payé dans une autre entreprise. Il a hésité et a reculé.

Pour la première fois de ma vie, à dix-sept ans, une fille s'est intéressée à moi au cours d'une danse. Gêné et intimidé au plus haut point, j'étais complètement déboussolé. Nous nous sommes fréquentés durant trois semaines, puis je l'ai quitté. Je ne comprenais pas qu'une fille puisse s'intéresser à moi! Cette situation me stressait. J'étais toujours en train de réfléchir à ce qui pouvait bien l'attirer chez moi. Ma médiocre estime de moi représentait vraiment le seul problème entre nous deux.

Ma peur du changement et mon manque d'estime ferment la porte aux solutions. Ils m'intoxiquent et m'éloignent du sens plus profond de ma vie.

Ce sens, je l'ai cherché longtemps dans toutes les directions, surtout lors des décès de mes deux soeurs et de mon frère. J'ai cherché dans divers mouvements, dans de nombreux livres, dans plusieurs cours de toutes sortes, pour finalement découvrir, comme bien d'autres gens avant moi, que le sens de ma vie consiste à exprimer l'amour de toutes les façons possibles.

J'ai travaillé une année avec des gens qui s'éteignaient doucement sur leur lit d'hôpital. Leur grand regret, leur grande souffrance, ce n'était pas la maladie, mais bien toutes les fois où ils avaient raté une chance d'exprimer aux gens qu'ils aimaient, leur amour. "Je t'aime." Les yeux sont encore plus le miroir de l'âme dans ces moments-là.

Le récit d'une amie restera toujours gravé dans ma mémoire. Son père mourant, terrassé par 25 années d'alcoolisme, respirait ses dernières bouffées d'air avant de quitter cette vie. Durant trois jours, elle le veilla, tentant en vain de lui cracher au visage toute la souffrance accumulée dans chacune des cellules de son corps au cours de ses vingt-cinq années. En même temps, complètement désorientée et bouleversée par tout l'amour qu'elle éprouvait pour lui malgré tout, elle se taisait. Durant trois jours, son père à demi-conscient, la bouche encombrée de tubes pour lui permettre de respirer, tenta lui aussi de lui parler en vain. Pendant trois jours, les deux ont retenu leurs paroles. À la fin de la troisième journée, le moniteur cardiaque afficha soudain une ligne plane et un son continu. C'était fini. Les deux avaient gardé leurs mots d'amour dans leur gorge. Cinq années se sont écoulées depuis et cette souffrance accompagne encore mon amie.

Faute d'avoir accordé le pardon à son père, elle demeurait prisonnière de son amour non exprimé. Le pardon par le 77 fois lui aurait apporté la paix de l'esprit ainsi qu'une ouverture à son présent.

Je t'aime.

Je t'aime.

Je t'aime.

Je t'aime.

Je t'aime.

L'avez-vous dit aujourd'hui à quelqu'un?

Avez-vous employé ces mots, les plus puissants qui soient?

Je t'aime

Le sens de ma vie est l'amour. À ma mort, je n'apporte rien d'autre avec moi que l'enseignement d'amour assimilé à travers mes expériences et ce que je n'ai pas encore intégré au niveau de l'amour. Les potins appris sur les autres resteront ici. Au départ de ce monde, il n'y aura dans mes valises ni argent, ni maison, villa ou chalet, ni diplôme, ni automobile de l'année, ni trophée, ni corps de mannequin, seulement ma compréhension et ma conscience de ce que je suis vraiment. Le centre de ma vie est l'amour. Tous mes gestes, paroles et pensées sont en fonction de l'amour. Et parce que j'ai l'amour en moi, la vie se déroule tel un conte magique. J'installe la magie en réalisant que tout provient de mes pensées, de mes gestes et de mes paroles. Chaque minute de mon quotidien qui s'écoule, détermine celle qui suit. Quand tout mon être saisit et vibre profondément à cette vérité, je peux enfin écrire le roman de ma vie.

Mon regard sur le monde devient différent. Il s'affranchit de mes limites et de mes peurs pour toucher au divin. Chaque jour m'apporte l'occasion unique de découvrir en moi ma puissance intérieure afin de devenir un être meilleur et d'avoir la possibilité d'obtenir tout ce que je veux sincèrement de la vie. Ma vie sert à me connaître pour repousser mes limites et atteindre la source, l'Amour.

En plaçant l'amour au centre de ma vie, mon comportement et ma pensée se transforment. Au lieu de courir après l'argent, le temps, les gens ou mon souffle en me démenant pour forcer la venue de l'amour par des moyens extérieurs, je l'installe moi-même doucement à l'intérieur de moi.

Je suis Amour, je pose des gestes en conséquence et j'ai un résultat extraordinaire à la mesure de mon acte et de ma pensée d'amour.

Évidemment, l'amour inconditionnel reste encore un idéal à atteindre, mais je m'amuse à chercher la porte d'entrée grâce à mes prises de conscience. Chacune d'elles améliore mon quotidien. Et mes résultats m'indiquent hors de tout doute que je progresse sans cesse.

Par cette manière de vivre - nous l'examinerons davantage en profondeur un peu plus loin - chaque événement de ma vie prend un nouveau visage, celui d'un enseignement. J'apprends sur moi, pour contacter cet amour en moi. Ce contact intermittent, je le veux permanent. Il me pousse à agir, à concrétiser l'amour dans mon quotidien par des gestes.

La planète est bondée de "touristes" au courant de ces principes, parlant à gauche et à droite de spiritualité, mais reculant devant l'effort d'agir avec des gestes d'amour. Ils parlent, visitent, émettent des commentaires, font trois petits tours et puis s'en vont. Leur savoir est impressionnant, mais le vide de leurs actions, de leur mise en pratique les trahit.

Dans les cours donnés au Centre, je rencontre à l'occasion des gens qui souhaiteraient être déjà arrivés au sommet. Pourtant, à la moindre suggestion pour améliorer leur train-train habituel, leur orgueil bondit et ils se sentent menacés. Christian adorait vanter les cours, mais aux fêtes organisées par le Centre, il buvait à lui seul, près de deux bouteilles de vin. Ses propos devenaient bruyants et déplacés et les gens le fuyaient. À un cours, un participant lui en parla, mais il refusa de voir sa responsabilité. Les gens, selon lui, montaient en épingle un petit incident anodin qui ne valait pas la peine de gaspiller de la salive à en parler. Il oubliait que tous les gens étaient incommodés par son attitude. Comment devenir animateur de ma vie, si j'ai besoin de boire, de passer mes frustrations dans une attitude vulgaire et de rester intouchable sur ce que je fais et dis?

La journée de mon mariage, nous avions invité à fêter avec nous des gens avec qui nous avions suivi quelques cours de croissance personnelle. Ils se disaient hautement évolués. Mais les personnes s'occupant de ce Centre ont décidé de donner un cours obligatoire le même jour, menaçant les absents d'une exclusion définitive. La naissance de mon propre Centre avait fait naître en eux la peur de se faire dépouiller de quelques clients. Une amie proche a tout de même décidé de venir célébrer avec nous. Elle a été exclue. Pourtant, l'univers est abondance. Il existe assez de gens désireux de transformer leur vie pour que deux centres et même cent centres puissent bien vivre et apporter un bien-être aux gens. Cette triste aventure m'a enseigné que seuls les gestes d'amour sont importants. Ils témoignent de mon engagement. Les paroles sans démonstration demeureront éternellement stériles et dépourvues de sens. Elle m'a enseigné aussi qu'il est très facile de retomber dans le jeu du pouvoir au nom de la spiritualité. Les gestes sont la parole du coeur.

Mon choix

Ma réalisation personnelle dépendra toujours de moi. Je garde toujours le choix malgré les apparences. Le choix de me laisser manipuler comme une marionnette par mes peurs et mon orgueil ou le choix de me servir d'eux comme de prodigieux tremplins pour trouver des solutions et réaliser pleinement l'être merveilleux que je suis.

Au moment de vendre mon premier livre en public, j'ai dû surmonter une énorme difficulté. La peur du ridicule et la peur de ce que les autres allaient penser de moi me tenaillaient tellement que j'en bafouillais. Je m'excusais presque de présenter mon livre aux gens, d'affirmer que j'étais un des coauteurs. Je craignais le jugement des gens. Malgré mes peurs, je savais que j'avais à aller de l'avant en présentant mon livre au public. Après tout, qui mieux que l'auteur sait présenter son livre?

J'ai choisi de relever la tête, d'affronter ma peur et de me faire confiance. Alors, je me suis calmé. Ensuite, j'ai commencé à regarder comment s'y prenaient les autres, à m'ouvrir à de nouvelles façons de faire, à l'enseignement. François présentait notre livre avec des gestes simples, remplis d'amour et de joie de vivre. Sans attente vis-à-vis des gens, il échangeait avec eux comme seuls deux bons amis savent le faire. Que la vente ait lieu ou non ne changeait rien à son attitude. Il faisait confiance à son intuition et s'amusait à ouvrir une page du livre au hasard pour chacune des personnes. Comme par magie, le passage choisi était approprié à chaque individu. De même qu'aux différents Salons du livre, François se laisse guider sans résister par ses inspirations intérieures durant ses conférences. Il demande par une prière intérieure de tenir les paroles appropriées pour lui et les gens. Au terme de la conférence, les gens veulent tous le rencontrer et lui parler.

Puis ce fut mon tour. Je me suis levé et je suis allé au-devant des gens, leur présentant mon livre, leur suggérant des passages inspirants, leur racontant mon plaisir à l'écrire. Ma confiance s'est améliorée peu à peu, mon esprit de repartie s'est développé et mon assurance s'est imposée de façon naturelle aux gens.

Maintenant, mon aptitude à communiquer avec les gens s'est épanouie au point de communiquer en public sans problème, de donner des conférences partout en province, de parler à la radio, de donner des ateliers et des cours, etc. Ma faiblesse de croire inintéressant ce que je disais s'est modifiée en un atout formidable. Ce défi m'a permis de travailler en profondeur la lacune provoquée par mon manque d'estime de moi. Ma faiblesse est devenue ma force principale. Je m'en sers maintenant dans toutes les occasions. J'ai eu peur, je me suis arrêté, j'ai appris, je suis passé à l'action et obtenu mon cadeau, celui d'être à l'aise dans n'importe quelle situation.

Le premier jour d'école à la maternelle, mon Dieu que j'avais peur! Cela représentait tellement d'inconnu. Mais en même temps, mon imagination était excitée à l'idée d'apprendre enfin à lire et à écrire. Apprivoiser mes peurs m'ouvre toutes grandes les portes de la vie et de l'abondance. Quand je résiste à mes peurs, je retarde mon apprentissage et me cause des maux de tête inutiles. Apprivoiser mes peurs me permet d'acquérir un peu plus de sagesse et d'amour pour moi. Je nourris mon estime de moi. Je n'ai pas le temps ni le désir d'écouter mes peurs en me laissant prendre à leur piège. Elles sont devenues un tremplin efficace pour m'aider à grandir en m'indiquant de façon précise les endroits où j'ai encore la chance de me dépasser dans ma vie. Si j'avais prêté une oreille trop attentive à mes peurs, jamais la maison d'édition n'aurait vécu un tel envol. D'année en année, je voyais le chiffre d'affaires quadrupler et ma peur de l'argent me tenailler davantage. Cette aventure a représenté un beau défi et continue de l'être d'ailleurs.

Mes peurs et mon orgueil sabotent encore trop souvent les occasions où je pourrais exprimer mon amour. Ce n'est pas le moment de m'asseoir sur mes lauriers et ça ne le sera jamais. À ma fille, ma femme, mes parents, mes amis, mes collègues de travail, Dieu, la vie, la nature, ma planète, je peux leur exprimer mon amour encore beaucoup plus souvent. Pas besoin de me compliquer la vie pour cela, simplement en remerciant le soleil d'être là, en serrant mon père dans mes bras, en rendant un service sans qu'on ait à me le demander. Il existe une infinité de façons de le faire.

La prise de conscience

Ni la malice, ni l'égoïsme des gens, ni leur incompréhension, et encore moins le hasard d'une vie vide de sens n'engendrent mes problèmes. En cherchant à rejeter la responsabilité de ma vie sur autrui, je prends la peau d'un éternel perdant. Quand je regarde n'importe quel personnage au sommet de sa discipline, je m'aperçois vite qu'il prend l'entière responsabilité de sa vie et de sa réussite.

Il comprend parfaitement que personne ne puisse faire les pas à sa place. Si je ne m'assois pas pour écrire ce livre, il n'existera pas. Pourquoi un coucher de soleil émerveille-t-il Luc alors que Linda est perdue dans ses pensées à propos de son travail? Parce que leurs regards diffèrent. L'unique problème réside dans ma façon de voir et d'aborder les gens et les événements.

Des extraterrestres débarquent sur Terre en voyage de reconnaissance. Leur premier contact s'effectue au-dessus de New York et leur réserve toute une surprise. Les humains sont dotés de quatre organes circulaires pour leur locomotion, de différentes tailles et formes et ils sont tellement étourdis que parfois ils arrivent à provoquer de violentes collisions entre eux. Puis, faisant un bruit d'enfer, un autre humain accourt sur les lieux de l'accident. Il libère de petits organes spécialisés qui récupèrent ses frères mal en point.

Cette histoire est-elle un mensonge? Non. Ces extraterrestres croient simplement que les humains sont des automobiles. S'ils poussent leur recherche plus loin, ils constateront bien vite leur erreur et réajusteront rapidement leur point de vue. Mais avant de prendre conscience de leur erreur, ils continueront à fonctionner avec la connaissance qu'ils ont de nous à ce moment-là.

C'est la même chose pour moi. Je connais une façon unique de fonctionner, c'est-à-dire tenter de trouver mes solutions à l'extérieur de moi, et je l'applique scrupuleusement; jusqu'au jour où cette façon d'opérer me conduit à une impasse soit monétaire, mon entreprise fait faillite; soit émotive, je suis déchiré par la mort de mon enfant; soit amoureuse, mon conjoint me quitte. À compter de ce moment, je peux envisager l'existence d'une autre façon de vivre. Je ne sais pas nécessairement laquelle, mais je suis convaincu que la vie ne peut se résumer aux limites que je connais. Je ressens soudain l'urgence de participer à plein à la création de ma vie plutôt que d'en subir les contrecoups.

Sous le coup de ces différents chocs, ma conception limitée des choses éclate pour accepter de nouvelles données. Ma source intérieure, incapable de se faire entendre avant, utilise ce moyen pour me conduire à une plus grande intelligence de mon pouvoir sur ma vie. Ma source intérieure provoque des "réveils" pour m'aider à acquérir plus d'amour pour moi-même et pour les autres.

Il m'a fallu vivre le stress de voir ma fille Hélène se coincer un doigt dans la portière d'auto pour comprendre que je l'aime plus que tout au monde. Il m'a fallu des échecs scolaires cuisants pour prendre conscience de ma peur de bouger dans la vie. Il m'a fallu tout perdre avec ma séparation déchirante pour apprendre à m'ouvrir et également que je peux tout reconstruire en m'appuyant sur des bases solides.

Ces "réveils" sont appelés des "prises de conscience". À la lecture du premier chapitre, un déclic et même plusieurs se sont produits, comme si les pièces d'un casse-tête commençaient subitement à s'assembler entre elles pour atteindre une meilleure compréhension du déroulement de ma vie.

Ce déclic m'amène une ouverture plus grande de ce que je suis. La compréhension de mon univers et de moi-même s'élargit dans une vague d'ouverture sur ce qui était auparavant invisible à ma conscience. À l'aide de ce déclic, je peux maintenant aborder les événements sous un tout autre éclairage.

Les extraterrestres de tout à l'heure, poursuivant leur investigation, se rendent compte, tout à coup, que les humains sont en fait les petits organes spécialisés qui recueillaient les blessés. Les voitures n'étaient qu'un support pour permettre aux humains de se déplacer. Cette prise de conscience leur donnant une vision "améliorée", ils peuvent alors traiter de façon plus adéquate avec les humains.

Sous les apparences, se cache un enseignement plus profond. En allant vers lui, je fais face à deux options. La première consiste à me culpabiliser: je ne suis pas encore parfait, j'aurais dû comprendre cela bien avant, j'ai eu l'air fou tout ce temps! etc. J'appelle cette attitude "se taper sur la tête".

Plus jeune, j'étais très naïf, au point de me trouver idiot parfois. Je croyais tout ce qu'on me disait. J'avais une confiance absolue dans les gens. On pouvait me vendre n'importe quoi. Ce qui est d'ailleurs survenu avec mon ami André une fois. Ce dernier, quand il achète quelque chose, c'est toujours le meilleur et ce qui se fait de mieux sur le marché, selon lui. Son orgueil admet mal qu'il puisse exister quelque chose de mieux s'il a déjà acheté un article semblable. Étant donné ma confiance aveugle en lui, je me suis acheté des pneus en polyester, considérés par André comme supérieurs aux pneus radiaux. Je payais la différence en pure perte selon lui. Je me suis vite rendu compte de ma gaffe, mais je n'en ai pas moins continué à croire André sur parole. J'ai continué jusqu'au jour où j'ai découvert mon manque de confiance en moi. À partir de ce moment, j'ai pu le travailler et l'améliorer.

La seconde option consiste à m'amuser! Une fois mon orgueil mis de côté, je peux vivre l'événement pour ce qu'il est, une expérience. Je ris de moi et admets qu'il m'arrive d'avoir l'air fou ou de faire des trucs bizarres. Mon estime s'est renforcée au fil des années et je laisse rire les gens ou je ris avec eux.

Un participant des cours, Sylvain, me racontait une histoire. En voiture, il lui arrive à l'occasion d'être impatient. Dans ces cas-là, on dirait qu'il n'existe qu'une personne sachant conduire convenablement sur la route, lui! Il me racontait qu'une fois où, de bonne humeur, il faisait son petit bonhomme de chemin sur l'autoroute, jusqu'au moment où il décida de doubler la voiture en avant de lui. En amorçant sa manoeuvre, il aperçut dans son angle mort une motocyclette. Il est revenu immédiatement dans sa voie. Insulté, le motocycliste lui fit très bien comprendre à force de gestes obscènes son étourderie. Frustré à son tour, Sylvain accéléra, sortit la tête par la fenêtre, gesticula et lui cria sa colère. Il me parlait et j'imaginais très bien la scène. De toute beauté! Dix secondes plus tard, il éclatait de rire dans son véhicule! Il venait de se rendre compte qu'il accumulait beaucoup de frustrations pour exploser ainsi pour une peccadille. Il riait de lui. Au lieu de se "taper sur la tête", il avait saisi l'enseignement, le cadeau dans sa drôle d'expérience. Sylvain venait aussi de comprendre que la violence cachée en lui pouvait percer à tout moment parce qu'il n'avait pas réglé la source de sa frustration. Sans attendre, il se mit au travail et transforma son énergie menaçante en positif.

Mes relations amoureuses ont très souvent sombré dans des complications débouchant sur des ruptures difficiles. Au début, la passion me transportait au septième ciel, rien d'autre ne comptait que mon amour. Un vrai feu de paille qui se consume aussi vite qu'il s'est allumé. Puis, peu à peu, les choses devenaient complexes, trop complexes pour continuer. Je tombais en amour au lieu d'être en amour. Avec le temps j'ai fini par faire la différence entre les deux. Tomber en amour, c'est un mouvement soudain qui allume un feu fort et puissant, mais qui s'éteint, souvent faute d'être alimenté. Il s'éteint parce que mon enthousiasme sans bornes m'empêche de voir l'autre tel qu'il est. Et quand je le découvre au bout d'un mois, d'un an, je m'aperçois que je n'aime pas mes nouvelles découvertes. La chute brusque est à la mesure de l'excitation du départ. Être en amour, c'est découvrir l'autre un peu plus à chaque jour, ne rien prendre pour acquis, accepter l'autre avec ses défauts et ses qualités. Cela demande un peu plus d'effort, car pour nourrir cet amour, je dois poser des gestes à tous les jours. Mais cet amour dure, car il se construit sur des fondations solides.

Au bout de quelques ruptures, mon coeur, complètement défait, n'en pouvait plus. Je me demandais ce qui n'allait pas, pourquoi mes amours étaient si déchirants, pourquoi je n'arrivais pas à trouver la "bonne" fille, celle avec qui je partagerais le reste de mes jours. Pour approfondir mon questionnement déjà timidement amorcé - avant, je n'allais pas plus loin, car je ne souffrais pas encore assez! - j'ai suivi la première fin de semaine de cours tombée sous ma main: j'étais au bout de mon rouleau.

J'ai fait plusieurs prises de conscience, chacune préparant la suivante. La première fut déclenchée par un dessin réalisé suite à un exercice de visualisation. Sur le dessin, je n'étais plus qu'un figurant dans la cuisine de ma mère, un objet dépourvu de vie. Une petite lumière s'est allumée en moi et j'ai compris alors que tous les débordements émotifs vécus à travers mes relations amoureuses n'avaient d'autre objet que de me sentir vivant. J'avais besoin de vivre régulièrement de puissantes émotions pour me prouver mon existence en tant qu'être humain. C'était tellement vrai que j'ai même quitté une amie parce que tout allait bien, trop bien: ce bonheur simple m'ennuyait!

Puis, un exercice de "rebirth" m'a amené à ressentir ce que pouvait être l'amour. J'ai pu toucher cette énergie extraordinaire sans pouvoir la garder. Dans le "rebirth" suivant, en contactant de nouveau cette lumière fantastique et divine, un peu de son rayonnement s'est communiqué à ma conscience et j'ai su que j'avais droit moi aussi à l'amour.

Plusieurs mois plus tard, je montais une marche de plus. Le point en commun à toutes mes amies a soudain éclairé ma conscience: elles avaient presque toutes vécu une enfance très difficile qui laissait encore de profondes cicatrices. Victimes d'inceste, de viol, de toxicomanie, de parent alcoolique, de schizophrénie, etc., elles étaient à mon image, des êtres torturés et malheureux. Bien que débordantes d'amour, elles étaient, tout comme moi, prisonnières de leur passé. Cet état supprimait la possibilité de vivre paisiblement au présent. Mes relations amoureuses prenaient vite un cours très compliqué, dépassant les limites du supportable.

La marche suivante fut de savoir pourquoi je reproduisais sans arrêt, spécialement dans mes relations amoureuses, le même schéma. Durant une méditation guidée, j'ai revu mon père et ma mère agir. Mon père, affectueux, voulait câliner ma mère qui le repoussait, prétextant de vagues normes de bienséance nécessaires devant les enfants. Comme mes parents constituaient le seul exemple pour moi, j'ai acheté leur comportement comme seul exemple possible. En conséquence, dans mes relations amoureuses, tantôt je repousse l'autre lorsqu'il recherche de l'affection, tantôt je cours après lui lorsqu'il me repousse par sa froideur. Comme mes yeux d'enfant croyaient voir des drames entre mes parents, fidèle à mon interprétation, je reproduisais des drames. J'étais un bon élève!

La prise de conscience se produit lorsque je suis prêt à accepter ce changement. Est-ce qu'un nouveau-né peut comprendre 2+2? Personnellement, je n'ai jamais vu un nouveau-né lacer ses souliers de course et faire son jogging. Il me faut une préparation préalable afin de permettre à la prise de conscience de faire son chemin jusqu'à moi. Mais moi, bien souvent, je voudrais l'avoir eu avant même d'avoir fait un premier pas et dans un contexte où mon orgueil n'aurait pas à en souffrir. De plus, le chemin pour atteindre le déclic ne sera pas le même d'un individu à l'autre. Jean-François vient d'une famille de trois enfants et François, de huit. Pourtant, aucun parmi ce lot n'a la même conception des choses, ni le même héritage du passé.

La prise de conscience se révèle couche par couche comme un oignon que l'on épluche. C'est une série de prises de conscience qui me conduit toujours plus loin en direction du noeud principal, de la source de mes complications. Plus je me dirige vers cette source, plus j'avance, porté par mon élan, vers la lumière de ma Source intérieure. Les prises de conscience opérées une à une sont les fruits d'une organisation minutieuse préparée par toutes les autres prises de consciences précédentes. Elles composent chacune des étapes nécessaires à ma réalisation intérieure. En s'imbriquant les unes dans les autres pour former un parcours efficace et logique, elles me dirigent vers la conscience pleine et entière de mon appartenance divine.

Sur le coup, ce "réveil" est semblable à un petit interrupteur que l'on allume comme par magie dans ma tête. Comprendre le pourquoi de mes relations tumultueuses a pris quelques années dans mon cas. Cependant, cette illumination d'un moment peut me jouer un tour si je prête une oreille trop attentive à mon mental. Comme il veut toujours tout contrôler et qu'il sent la situation lui échapper, il change de tactique. Quand la prise de conscience surgit, elle survient très souvent comme une révélation, comme un choc, comme une lumière perçant brusquement les ténèbres. Le mental tente alors de me faire croire que je ne pouvais rien faire d'autre qu'attendre après elle. Il me trompe. Ma Source divine met tout en place pour favoriser l'ouverture de ma conscience à son existence. Mais je peux participer activement au réveil de ma conscience en gardant les oreilles et les yeux prêts à recevoir les messages. Étant déjà au courant que mon âme m'envoie des messages, je peux stimuler mon attention davantage, être aux aguets pour les recevoir et activer ainsi l'arrivée des prises de conscience. Par un travail constant sur moi-même, je peux favoriser leurs venues et les vivre dans la joie en les dédramatisant.

Si je tiens à me complaire dans la ouate toute ma vie, je n'avancerai jamais. Ma tendance à dire "je veux bien avancer, mais pas trop durement, s'il-vous-plaît" me coupe généralement les ailes. Je donne l'illusion de bien vouloir m'ouvrir, mais mon orgueil souffre, mon gros ego qui veut être parfait, réagit vivement. Mettre de côté mes réactions, après avoir évidemment vécu mes émotions, me permet de retirer l'enseignement et de dédramatiser mon expérience. C'est en acceptant d'aller au bout de mon défi que l'apparente souffrance perd de son mordant. L'âme agit et le mental réagit. Ma souffrance change de visage, car ma façon de la vivre change elle aussi.

J'ai raconté précédemment comment la vente de mes livres en public incarnait un obstacle majeur pour moi. Ce défi illustre parfaitement cette transformation de la souffrance. De pénible, la situation s'est métamorphosée en une aventure enthousiasmante. Par l'enseignement recueilli à travers cette expérience et les cadeaux reçus, mon plaisir d'être en contact avec les gens s'est développé, à un point tel, qu'en écrivant ce livre, j'ai déjà hâte de le présenter partout.

Mes expériences me servent à grandir. Par leur diversité, elles dérangent mes habitudes et réveillent en moi l'énergie nécessaire pour repousser les limites fixées par mon mental. Toutes mes expériences antérieures ont stimulé mon épanouissement. Toutes mes expériences présentes continuent dans la même voie.

Le bien et le mal n'existent pas pour moi, seulement différentes expériences pour grandir. Plus j'apprends à ne pas condamner mes actes, plus je comprends le rôle de mes expériences. Elles sont le moteur de mes découvertes, ce sont elles qui me permettent d'aller plus loin. Mes expériences deviendront des situations merveilleuses pour découvrir enfin tout mon potentiel intérieur. Je reçois plus facilement les cadeaux cachés en elles. Peu importe la nature de mon apprentissage, il renferme un enseignement de sagesse. De plus, je comprends que chaque individu choisisse un enseignement différent du mien. En faisant taire mon orgueil, l'ego qui veut perpétuellement avoir raison, je dépasse l'apparence difficile et malheureuse de l'expérience pour aller y puiser un enseignement divin.

Une marche à la fois!

Prendre le temps d'assimiler une prise de conscience permet de mieux préparer le terrain pour la suivante.

Lorsque je me suis engagé sur le chemin de la découverte intérieure, j'ai voulu, selon mon habitude, être parfait tout de suite. Je voulais tout comprendre sans prendre le temps d'assimiler quoi que ce soit. Je voulais devenir excellent sans la préparation nécessaire. Je voulais obtenir mon diplôme avant de suivre le cours. Les champions de disciplines sportives récoltent le fruit de nombreuses années d'efforts et de ténacité. J'apprends constamment dans toutes les circonstances de ma vie. Cela ne sert à rien de placer la charrue avant les boeufs, de commencer par la fin. Je l'ai appris à mes dépens.

Vous vous souvenez sûrement que, suite à ma séparation, je me suis offert un rêve: une flamboyante voiture sport! Ma conjointe étant partie avec la nôtre, j'avais décidé de m'en racheter une vraiment à mon goût. Durant cette période, je vivais avec un dos incapable d'opérer la plus petite flexion, résultat d'un accident de travail. J'ai acheté la voiture tout de suite, car ayant un revenu assuré de contremaître de chantier par la CSST, mes moyens me le permettaient. Je suis allé trop vite.

Suite à mes cours de croissance personnelle, j'avais découvert que je méritais, comme tout le monde, l'abondance. Mais un tout petit détail m'avait échappé: je ne possédais pas encore la conscience nécessaire pour vivre avec les paiements qu'entraînait ma voiture! Bien sûr, j'avais la pensée de posséder cette automobile, mais pas celle de payer plus cher pour tout ce qui se rattachait à elle. Quelle surprise en apprenant qu'un pneu valait à lui seul $500.00 pour une durée de vie ridicule de 15000 km, en constatant la consommation extravagante d'essence, en déboursant pour une prime d'assurance hors de proportion. La première vérification prescrite par le fabricant, sans changement de pièce, grimpait à $250.00! Je me souviens, inquiet, d'avoir demandé au mécanicien de quoi souffrait ma voiture. "Mais de rien" m'a-t-il répondu. "Nous avons seulement effectué le changement d'huile et vérifié si tout était en ordre." Imaginez les autres dépenses! Et pour achever le tableau, la CSST décida alors de couper mes revenus. J'étais étranglé financièrement. Du jour au lendemain, la guillotine tombait sur mon rêve: terminé la voiture sport! Comme je ne prenais pas ma vie en main et que je me fiais sur les autres, j'avais pris pour acquis que la CSST subviendrait à mes besoins. Car, il faut bien vous l'avouer, je me fiais toujours à quelqu'un pour m'en sortir. J'ai été bien attrapé!

Cette expérience m'a enseigné qu'il vaut mieux monter une marche à la fois et l'avoir bien montée que de vouloir courir dans les marches et de débouler au premier faux pas. Ainsi, les petits recoins sont bien faits, m'évitant par conséquent, les mauvaises surprises à venir. Seule la souffrance m'attend à vouloir sauter les étapes. La vitesse n'existe pas. En vivant simplement au jour le jour, je prends une erre d'aller et maintiens cette allure. Les choses arrivent au moment approprié et je récolte la joie et la paix.

Heureusement, la vie possède un ressort inouï pour dénouer les impasses. Suite à l'écroulement de mon rêve, ma première réaction fut d'accuser la CSST et le monde en général de mon malheur. Puis, devant mon garde-manger vide et ma source de revenu tarie, je me suis secoué et j'ai fondé le Centre, me permettant ainsi de donner des cours sur une base régulière. J'ai pris en main ma destinée. Sans cette décision de la CSST, je serais encore à attendre que quelqu'un m'aide à vivre. Tous les merveilleux cadeaux envoyés spécialement pour moi par la vie auraient raté leur destination. Nancy ne serait pas dans ma vie, ni mes fils Thierry et Nicolas. Tout est là pour me faire grandir. C'est à moi d'en profiter.

Mes déclics me permettent d'ouvrir ma conscience et de considérer les faits de plus en plus dans leur ensemble. En effet, le détail ne me procure qu'une vision très limitée des événements. Par ce regard "amélioré", les situations deviennent plus claires et surtout, se simplifient. Je saisis de mieux en mieux le lien entre les différents épisodes de ma vie. Je voulais une voiture sport, mais cela implique aussi un revenu d'argent considérable. Au début, développement spirituel rimait avec pauvreté. Je voulais être "spirituel", alors je devais être pauvre et souffrir. Aujourd'hui, ma croyance a évolué et je crois fermement en la bonté illimitée du Père. Le Père est bon et toute chose qui existe est présente en abondance pour tous. Il s'agit d'y croire et d'agir en conséquence. Jamais maintenant je n'ose me plaindre et dire que ça ne fonctionne pas. Je suis de plus en plus conscient de mon pouvoir créateur.

Par exemple, le fait de manger beaucoup d'aliments sucrés peut me conduire loin d'un meilleur entendement de ce que je suis. Au début, je n'ai même pas conscience de mon comportement. Puis, je me rends compte que j'ai toujours à la main une pâtisserie, une barre de chocolat, une friandise, un cornet de crème glacée, une gomme, un dessert sucré, une collation sucrée, etc. Avec le temps, le lien entre mon besoin de sucre et mon besoin de compenser s'établit: je mange mes émotions. Puis, l'objet de ma compensation s'impose peu à peu à moi. À un moment de ma vie, dans mon enfance très probablement, j'ai vécu un ou des événements qui m'ont conduit à me taire et à étouffer mes émotions en moi. Pour mieux les étouffer, je me remplis l'estomac et le sang d'un produit, le sucre, qui, d'une certaine manière, anesthésie ce que je peux ressentir, me permettant de "fonctionner" dans mon quotidien. Je comprends que j'agis par manque d'amour envers moi-même. En effet, si je m'aimais tel que je suis, je n'aurais pas besoin de me cacher des choses au fond de moi, ni de me punir en me sentant éternellement coupable. Je change alors mon comportement, acquiers une nouvelle paix intérieure et accède à un bonheur plus élevé. Bref, je deviens plus heureux.

Comprendre le lien entre les événements de ma vie me conduit même jusqu'à une meilleure compréhension de la nature et de la vie.

Il faut prendre le temps de bien s'appliquer pour construire son bonheur. Afin de mieux travailler en disposant de façon plus organisée mon ordinateur et mes objets personnels dans ma pièce de travail, j'avais décidé de me procurer un bureau. Un jour, André, mon ami d'enfance, m'appelle au téléphone: "François, je me fais des meubles pour mon bureau. Veux-tu venir faire les tiens avec moi?" J'ai profité sans hésiter de l'offre généreuse d'André.

La fabrication de ces meubles m'a enseigné l'humilité. Dans le passé, je ne supportais ni critique, ni suggestion. Mon travail était toujours bien fait et personne n'avait le droit de dire le contraire! En travaillant en compagnie d'André, je devais constamment lui demander de vérifier si rien ne manquait, si tout était bien exécuté. Je ne connaissais pas grand-chose dans la menuiserie. Lorsque André m'expliquait un truc ou me suggérait une autre approche, je l'appliquais aussitôt. La suprême récompense survenait quand il ne trouvait plus rien à dire sur la qualité de mon travail, sauf peut-être "excellent"! La fierté m'envahissait: je venais d'apprendre.

Le second meuble comptait moins de défauts que le premier et au troisième, je me débrouillais très bien sans devoir consulter mon ami régulièrement. Si, en écoutant mon orgueil, j'avais voulu tout savoir du premier coup, rien n'aurait fonctionné. Grâce à la patience d'André, je suis devenu habile de mes mains. L'apprentissage, comme les prises de conscience, se fait en persévérant. Au début, les instructions d'André m'apparaissaient incompréhensibles, mais en persévérant, tout s'est éclairci. Je trouve extraordinaire d'avoir la chance de prendre ma vie en main. Cela me permet de réaliser toujours davantage de choses. L'atout, avec les pensées d'amour qui m'habitent, c'est que précisément, j'ai déjà tout ce qu'il me faut à partir de mon intérieur, il me suffit de le mettre en pratique.

Entre la tête et le coeur

La prise de conscience est le premier pas vers le changement. Avec une nouvelle compréhension de mon comportement, de ma pensée et de ma vie, j'adopte une vraie solution plutôt qu'un petit pansement sur le malaise, pour éviter de le ressentir. Mais pour appliquer ce remède, je suis le seul à pouvoir agir.

Alors que fait-on avec les prises de conscience? Je passe à l'action ou je les cache en dessous du tapis en espérant naïvement les oublier parce que cela dérange trop mes habitudes? Évidemment, cacher un problème ne le résout pas. Cela ne sert à rien de me raconter des histoires. Je sais fort bien que mon problème réapparaîtra toujours sous une autre forme jusqu'à sa résolution complète.

Cependant, l'expérience me démontre nettement que les leçons comprises avec ma tête n'impliquent pas inévitablement le passage de l'information à mon coeur. Et tant que mon coeur ignore ce que mon intellect comprend logiquement, le changement rencontre de la résistance. J'ai un tiroir rempli de ces prises de conscience s'accumulant en vrac, oubliées jusqu'au prochain réveil.

J'ai parlé du sucre tout à l'heure. Moi, j'en suis un drogué! Une barre de chocolat par-ci, un cornet de crème glacée par-là, un gâteau pour dessert, un morceau de sucre à la crème pour collation, un cola pour faire descendre le tout: ça n'arrête plus. Plus ma conscience s'ouvre, plus grande devient la sensibilité de mon corps: lorsque je mange du sucre, je me sens mal, je sens mon système ralentir ainsi qu'une baisse d'énergie. Ça ne m'empêche pas de continuer à m'en gaver. Mon sabotage va même plus loin. Avec mes belles connaissances amassées au fil du temps, je sais pertinemment que je noie mes émotions dans le sucre. Le ventre rempli et le sang saturé de ce sucre, je fuis l'émotion qui me dérange. J'ai beau comprendre avec ma tête le mal et constater ma fuite, je garde quand même ce comportement malgré ma conscience.

Agir c'est aimer.

Adolescent, la timidité me rongeait surtout, évidemment, en présence des filles. Devant elles, je perdais mes moyens et j'affichais le plus bel air idiot qui soit. Je regardais de loin, envieux, mes copains en fréquenter et secrètement, j'essayais de me convaincre que moi aussi j'y avais droit. Alors, pour transformer ma timidité, j'allais danser seul les fins de semaine dans des endroits que je ne connaissais pas du tout. Là, je tentais différentes façons de faire les premiers pas et de parler aux filles - quand j'en étais capable! Je m'encourageais en me disant que, de toute façon, quoiqu'il arrive, je ne reverrais jamais ces filles. Alors, quand les sourires amusés des filles devenaient trop embarrassants pour mon orgueil, je changeais d'endroit la fois suivante. Ce manège a duré le temps pour moi de pouvoir devenir à l'aise avec ma timidité.

Je me suis assez aimé pour passer à l'action.

Aimer c'est agir.

Agir c'est me connaître et aussi me reconnaître.

C'est ce que m'inspire la splendide brochette de livres rangés avec soin sur les rayons de ma bibliothèque.

Tous ces livres possèdent le même dénominateur commun: aime-toi et passe à l'action. Tel livre m'explique mes besoins, tel autre, mes comportements et leurs racines, un troisième, ce qu'est l'Amour, un autre, la spiritualité, etc. Tous me suggèrent la direction du changement intérieur.

Ma somme de connaissances ne suffit pourtant pas à transformer ma vie si je ne passe pas à l'action. J'aurais beau lire, penser, réfléchir, méditer et réaliser toutes les plus belles prises de conscience au monde, si le geste n'accompagne pas ma pensée, le résultat demeure stérile. Longtemps, mes paroles avaient l'apparence de la tempête. Mais rien ne bougeait. Je parlais de changer, de convertir mes mauvaises habitudes tout en leur restant solidement attaché par paresse ou par peur du changement. "Si jamais je me trompais..." Seuls les gestes comptent, les paroles s'envolent, même si je donne l'impression d'avoir compris avec toutes les cellules de mon être.

Je suis le maître de ma vie. Moi seul peux décider de poser le premier pas dans la voie de la transformation. Je peux bénéficier de l'aide des autres, mais c'est moi qui possède la clé pour ouvrir mon coeur à cette aide. Je peux suivre quantité de cours de croissance personnelle, je suis le seul à pouvoir transformer ma vie. L'animateur, mes amis, mes parents, mes collègues, mon "psy", ne peuvent que m'écouter et me supporter dans ce que je vis. C'est à moi que revient le privilège de m'améliorer et de vivre l'amour dans ma vie de tous les jours, l'amour comme une source extraordinaire de Joie et de Don.

Tout l'enseignement que je recueille dans ces livres m'entraîne sur le chemin de l'estime de moi-même. Parce que je mérite l'amour dans ma vie, parce que je mérite de vivre et de baigner dans l'amour chaque seconde de ma vie, je corrige sans cesse les conditions qui freinent mon plein épanouissement. En fait, ce n'est même pas une question de "mériter", c'est une question de retrouver ce que je suis, un être d'amour. C'est comme manger, ce n'est pas une question de mérite, c'est vital, je ne peux vivre sans manger. Je ne peux vivre sans amour et ma vie sert à contacter de plus en plus intimement l'amour à l'intérieur de moi.

En agissant, je retire l'enseignement de tout ce qui m'arrive. Je deviens fort car je me sers de tout à mon avantage. Je renforce mon estime et prends confiance en accumulant succès par-dessus succès.

Réaction et Leçon

Mes réactions représentent l'obstacle numéro un de mes prises de conscience et de mes actions. Je suis en réaction lorsqu'au lieu d'être en accord avec une phrase lancée par quelqu'un, au lieu de me sentir bien dans une situation, je sens monter en moi, consciemment ou non, une vague de résistance. Si cette vague peut demeurer floue pour moi, en revanche, pour celui qui la subit, elle est claire: je réplique du tac au tac, je boude, je fais une colère, je deviens timide, mon ton de voix devient froid et parfois tranchant, je trouve des dizaines d'excuses pour justifier mon comportement, je coupe la parole à l'autre, etc. À ce moment précis, je ne suis plus en harmonie avec moi. La situation a dérangé mes habitudes enracinées et je veux tout de suite défendre mes acquis. Je laisse le pouvoir à la situation de me manipuler par mon émotion présente.

Par exemple, j'ai habituellement une réaction lorsqu'on souligne le fait que je ne suis pas correct. Quand je travaillais comme garçon d'ascenseur, il me fallait user de mon habileté pour permettre à l'ascenseur d'arrêter au même niveau que le plancher. Alors, quand quelqu'un se risquait à manifester son mécontentement au fait que j'ouvrais la porte avant d'avoir stabilisé l'ascenseur, je répliquais par une platitude: "Les gens n'ont qu'à faire attention, c'est tout!" J'acceptais très mal qu'on me remette en question sur la qualité de mon travail.

Être en réaction me coupe de la leçon. Mes réactions provoquent un éloignement des gens autour de moi. Je ferme la porte par mon attitude. Il n'y a rien d'intéressant à parler à quelqu'un qui est toujours en train de vivre une réaction. De plus, par elle, je fais payer, inconsciemment ou non, ma frustration à l'autre.

Adolescent, mon caractère détestable ressurgissait fréquemment avec mes amies de coeur. Si je voulais jouer au "Monopoly" et que mon amie préférait jouer aux cartes, je m'enfermais dans un mutisme obstiné. Je jouais quand même, mais avec toute la mauvaise volonté du monde. Et quand, exaspérée, mon amie aventurait une remarque, je rétorquais aussitôt: "Tu vois bien que je joue! Qu'est-ce que tu veux de plus?" Je le savais très bien, mais mon orgueil prenait le dessus. Il me manipulait comme une marionnette. J'avais besoin de faire payer mon amie pour la dissuader de recommencer à remettre mon comportement en question. Je voulais tout le temps que les choses se déroulent comme moi je le voulais, sinon gare aux représailles!

Mais les réactions évidentes déjà observées jusqu'à maintenant peuvent aussi adopter un aspect plus subtil. L'orgueil de vouloir toujours avoir raison, de toujours avoir le dernier mot, se traduit aussi par des répliques continuelles:

- Peux-tu sortir les vidanges?

- C'est à ton tour, pas le mien.

- Peux-tu faire la vaisselle, s'il-te-plaît?

- Pourquoi je la ferais?

- Je prends le pion bleu!

- On sait bien, tu fais toujours ce que tu veux!

- Pourquoi as-tu bougé le fauteuil?

- "C'est-tu" de tes affaires?

- Valérie, ramasse ta vaisselle, s'il-te-plaît.

- Oui, mais...

Ce fameux "oui, mais..." l'entend-on assez souvent! La répétition incessante de cette réplique indique que le "répliqueux" n'écoute pas, qu'il veut avoir le dernier mot.

Aimez-vous le contact avec une personne arrogante, insultante, orgueilleuse ou qui a toujours une repartie? C'est la même chose pour les autres. Quand je suis insupportable et intraitable, il n'y a rien d'étonnant à ce que les gens n'osent pas me parler.

Lorsqu'on ose une remarque, plutôt que d'écouter mon orgueil froissé, je préfère apprendre à considérer le commentaire comme une indication sur un de mes points à améliorer. "Pourquoi a-t-elle dit cela?" "Qu'est-ce que je ne vois pas et que lui a noté?" Avant de réagir comme à mon habitude, je saisis l'occasion de faire un pas en avant.

Un jour, quelqu'un, très mal à l'aise, m'a fait remarquer la mauvaise odeur de mon haleine. J'aurais pu, mon orgueil durement touché, répondre "mêle-toi de tes affaires!" ou une autre grossièreté, mais bien au contraire, je l'ai remercié et ai fait davantage attention à mon hygiène buccale. Au lieu de me sentir insulté ou persécuté et de faire payer à l'autre son audace, j'ai su apprécier sa franchise et son courage. Comme je travaillais avec le public, il me rendait un fier service.

Lorsque j'ai quelque chose à dire à quelqu'un, rien ne sert de hausser le ton ou de crier après cette personne. Je suis responsable de ma façon de parler aux gens. Il existe toujours une façon de dire les choses. Lancer une chaise à quelqu'un qui me dérange dans mon petit confort sécurisant est une réaction qui engendre à son tour une autre réaction. Cela ne règle rien et envenime les choses plus souvent qu'autrement.

Est-ce que ce dialogue vous rappelle quelque chose?

- Sainte-Bénite! Cette... de machine ne veut pas fonctionner!

- Ne te fâche pas comme ça!

- Je ne me fâche pas!

- Bien oui, tu es fâché!

- Arrête! Ne me mets pas en colère!

- Tu vois! Je savais que tu étais fâché!

- Ah, toi!...

- Ah! Quand tu es en colère, tu n'es plus endurable!

Ce dialogue montre bien le piège d'une réaction.

Il existe aussi des gens qui, par leur colère intérieure dissimulée et emmagasinée, attendent n'importe quelle réaction de leur entourage pour leur faire payer. Victimes d'une trop grande pression intérieure causée par l'accumulation de leurs frustrations, ils déversent leur trop plein sur les autres à la première occasion venue. Cela leur donne la chance d'évacuer une partie de la montagne d'émotions existant en eux.

La vie mérite que je me démène pour réaliser mes rêves. Abandonner, face aux situations délicates et difficiles, n'est pas une solution. Pour prendre pleinement conscience de mon potentiel divin et pour manifester mon pouvoir, j'utilise précisément ces situations comme terrain d'entraînement. Plus je recours à mon intérieur et plus sa conscience m'éclaire. Bien sûr, je souhaiterais une vie sans anicroche, j'aimerais éviter les fois où j'ai droit à "Ne me dis rien!" "Fais de l'air!" "Je ne veux rien savoir de toi!" Si je me cache dans la garde-robe chez moi pour éviter les chocs, ai-je des chances de grandir? Comment grandir en évitant toutes les fois où je peux exercer mon pouvoir? Les événements de ma vie sont placés sur mon chemin pour me procurer l'occasion d'apprendre sur moi.

Si je m'attire des événements d'apparence désagréable, c'est pour mieux attirer mon attention sur un enseignement auquel je résiste. Ma résistance appelle une force plus grande pour la secouer et percer son mur. Lorsque je m'ouvre, les situations perdent leur visage de confrontation. Le lien harmonieux entre toutes choses se révèle distinctement. En imitant le ruisseau, en coulant librement entre les obstacles sans tenter de les dompter en usant de ma force, sans m'arrêter, uniquement ralentir de temps à autre pour mieux repartir, la vie se laisse lire aisément comme un grand livre empreint de sagesse.

Dans ma vie de tous les jours, à mon travail, avec mes amis, avec mes parents, il survient plusieurs situations où je dois m'ajuster et apprendre à me soustraire à l'influence de mon orgueil. Et quand je le fais, j'ai un cadeau de la vie.

Un midi, après avoir amoureusement préparé le repas de Nancy, celle-ci m'annonce son intention de passer la fin de semaine chez sa mère. Déçu, la première remarque qui m'a traversé l'esprit fut: "C'est ça! Moi je travaille en fin de semaine. Elle aurait pu préparer mes repas."

J'ai retiré plusieurs leçons de ce petit événement anodin en soi. Tout d'abord, mes attentes vis-à-vis des autres prenaient encore le pas sur la spontanéité de la vie. Je m'attendais à ce que Nancy me gâte en préparant à son tour mes repas durant ma fin de semaine de travail. Ma déception témoignait de mes attentes. Ensuite, ma conscience avait repéré ma réaction en quelques secondes plutôt qu'au bout d'une semaine comme avant. Je m'améliorais. Enfin, la vie ne cesse de me gâter quand je lâche prise et que je prends la leçon. Durant la fin de semaine en question, Jean-François m'a invité à manger au restaurant.

Je le vois bien, je ne suis pas parfait, mais l'estime de moi, la sérénité et l'amour récoltés valent rudement la peine de continuer à cheminer. À chacune de mes vraies prises de conscience (pas celles avec lesquelles je ne fais rien), la vie m'a offert un bonus, comme le repas au restaurant de Jean-François.

Le miroir

Je peux décider d'apprendre facilement dans la vie. Rien ne m'oblige à subir une accumulation d'épreuves pour éveiller ma conscience. Rien, sinon ma résistance, mes réactions et mon orgueil. En les apprivoisant, la vie met à ma disposition un moyen simple, facile et très efficace pour me regarder en profondeur: le miroir. Je me sers de l'image que j'ai des autres pour travailler sur moi. Toutefois, il exige une grande dose d'humilité de ma part.

Tout ce qui me touche chez l'autre, les qualités comme les défauts, tout ce qui provoque en moi une réaction autant négative que positive, m'appartient entièrement. Si la violence de mon frère m'irrite, c'est l'indication de l'existence de violence en moi. Ma violence ne s'exprime pas obligatoirement de la même façon que celle de mon frère, mais elle est là. Si j'adore ma soeur pour sa bonne humeur espiègle, c'est que je possède aussi un naturel joyeux et espiègle.

Pierre, un gars que j'adore, tient un restaurant où je vais déjeuner environ une fois par semaine. J'aime bien pouvoir me sortir de ma routine en prenant le temps de lire mon journal tout en sirotant un café dans un endroit tranquille et agréable. Mais Pierre n'arrêta pas de me taquiner au sujet du menu que je choisis. Comme un menu composé de deux oeufs et d'un café ne correspond pas à mes nouvelles tendances de plus en plus végétariennes, Pierre en profite pour continuellement me le remettre sur le nez, au point que le plaisir de me déplacer pour aller le voir commence à diminuer. Je n'aime vraiment pas me faire dire quoi faire tout le temps.

Comment s'exerce le miroir dans cette situation? Comment puis-je ramener le comportement qui me dérange chez Pierre à moi? Ce qui me dérange, c'est de me faire dire quoi faire. Je me rends compte qu'étant patron d'une maison d'édition, je supervise énormément le travail de mes employés. Finalement, je leur dis souvent quoi faire moi aussi. Le comportement qui m'agace chez l'autre m'appartient entièrement. Je reproduis l'essence de ce comportement, même si le contexte varie.

Prendre conscience de ma façon d'agir m'a permis de mieux traiter mes employés et de leur laisser plus de latitude dans leur travail.

Ma fille Hélène a besoin de se faire pousser un peu pour aller prendre sa douche. À un moment donné, j'ai dû le lui rappeler plusieurs fois avant qu'elle ne s'exécute. J'écrivais à mon âme quand soudain j'entends la douche se fermer et la porte s'ouvrir une demi-seconde plus tard. C'était un peu trop vite pour avoir eu le temps de s'essuyer.

- Hélène, viens donc ici deux secondes.

- Allô!

- As-tu pris ta douche?

- Mais oui.

- Montre-moi tes coudes.

Ils étaient secs, pas asséchés, secs.

- As-tu pris ta douche?

- Bien, moui...

- As-tu-pris-ta-douche?

- Non.

- Va la prendre.

Mon réflexe habituel aurait été de me fâcher, mais le culot de son mensonge m'avait saisi. J'ai continué à écrire à mon âme tout en continuant à réfléchir à son mensonge. Puis, une lumière s'est allumée en moi. Le miroir! Ma fille raconte des histoires, alors où est-ce que je l'imite dans ma vie? J'ai découvert beaucoup plus d'endroits que je ne le pensais!

Au lieu de me contenter de remarquer le mensonge de ma fille, je pousse plus loin ma réflexion en ramenant mon observation à ma vie. Évidemment, dans les premiers temps, j'ai du mal à m'avouer la vérité. J'ai du mal à m'examiner tel que je suis, à vivre les émotions rattachées à mes découvertes. Étant donné que je ne travaille pas à changer l'autre, mais moi, aussi efficace et puissant que le miroir puisse être, il me demande une honnêteté et une humilité que je ne suis pas toujours enclin à démontrer.

Je trouve Yves voleur avec ses prix élevés dans son commerce? Moi je vole du temps à mon employeur en arrivant régulièrement en retard, en allongeant mon heure de repas, en jasant à n'en plus finir au lieu de travailler, etc. Je juge Line froide et inaccessible? Bien qu'en public j'affiche l'image d'une personne gaie et chaleureuse, je suis froid et inaccessible dans l'intimité avec ma conjointe.

L'effet du miroir est tellement confrontant quelquefois, qu'il place devant moi des situations difficiles à admettre. Par exemple, le parent à qui je veux le moins ressembler, c'est à lui que je ressemble le plus. Je déteste quand mon père passe en arrière de moi pour vérifier si les choses sont bien faites? Je dois lutter contre moi-même pour ne pas faire la même chose avec mon amie, ma fille, François, etc. Je blâme mon père pour son insécurité chronique face à l'argent? Je vis beaucoup d'insécurité face à l'argent.

Je suis semblable à mon père pour me permettre d'aimer autant mes défauts que mes belles qualités. Ce lien avec lui me permet de désamorcer la notion de bien et de mal pour rendre possible le fait d'aimer inconditionnellement l'autre ainsi que moi-même. J'accepte l'autre comme il est, sans vouloir le changer à tout prix. C'est le merveilleux cadeau du miroir, l'amour inconditionnel.

Le miroir va même plus loin pour faire travailler notre orgueil.

- François, si je remarque chez toi que tu es obstiné et orgueilleux, alors cela implique que je vois l'image de ce que je suis?

- Exactement Jacinthe. Par contre, cette image ne correspond pas nécessairement à ce que je suis réellement. Cette image demeure ta perception des choses. La personne à côté de toi peut très bien juger qu'au contraire, je suis ouvert et simple. Ce que tu vois chez l'autre ne veut pas dire que ça lui appartient. Tu peux aller voir le même film qu'une amie et le trouver formidable alors que ton amie s'endort durant la projection.

Lorsqu'un comportement ne me dérange pas, cela peut signifier deux choses: je l'ai déjà réglé auparavant ou je n'ai ni à l'améliorer, ni à le régler dans ma vie. Quand quelqu'un fait une remarque sur ma soi-disant trop grande minceur - je mesure 1 mètre 87 (6 pieds 2 pouces) et pèse 72 kilos (160livres) - cela me fait sourire. Je ne voudrais ni être plus petit d'un centimètre, ni être plus gros d'une livre: je suis très bien comme je suis. Par contre, François réagit lorsque quelqu'un lui souligne la rondeur de son ventre. Il a encore à accepter d'avoir de gros os et qu'il ne pourra jamais être aussi mince que les standards que la société nous dicte.

Le fait de comprendre avec le coeur que tous les défauts remarqués chez l'autre m'appartiennent entièrement entraîne l'élimination progressive de mes jugements. Par le même mouvement, je m'arrête de plus en plus aux qualités de l'autre.

Le miroir ne fonctionne pas seulement lorsque je remarque les défauts, mais également les qualités. Mon dernier patron à l'hôpital était une personne d'une grande sensibilité. Ouvert au monde et curieux de tout ce qui était différent de lui, il s'intéressait aux autres cultures, à toutes les sortes de musique, aux littératures d'ici et d'ailleurs et à une foule d'autres sujets. J'admirais ces belles qualités. Je me suis aperçu que je les possédais moi aussi, mais à un autre niveau. L'informatique, l'âme, la mécanique, la bande dessinée, les autres pays, les gens, etc., tout me passionne. En fait, j'ai la passion de vivre. Je deviens de plus en plus avide de connaître l'univers dans lequel j'évolue. C'est pour moi une grande source de joie de pouvoir m'émerveiller devant l'ingéniosité des uns et la beauté intérieure des autres, devant les incroyables coloris de la nature et le petit tic tac d'une ancienne montre. Mes intérêts sur tout se développent au fur et à mesure que mon harmonie intérieure se fortifie.

Avec le miroir, j'apprends à dépasser les apparences et à être honnête envers moi-même. Ma persévérance à aller au fond des choses plutôt que de me contenter d'une belle façade fait un bond spectaculaire. Le bien-être que j'en retire dépasse mon imagination.

Le boomerang

Je récolte ce que je sème. Si je sabote mon corps en ne lui donnant pas de bons aliments, il provoquera une série de réactions, tels des malaises ou des maladies, pour me faire comprendre qu'il en a assez. Ma mauvaise alimentation et mes déficiences à ce niveau sont des causes importantes de sabotage dans ma vie. Quand je me gave de chocolat, de croustilles, de gâteau, de hot dogs, d'alcool, etc., mon corps, surchargé de toxines, doit nettoyer l'accumulation de déchets toxiques. Occupé avec ce surplus de travail, il se débat dans des conditions difficiles et exigeantes et ne peut, par conséquent, se libérer pour m'aider à d'autres tâches. En effet, un corps libre, sans blocage causé par des carences nutritives, m'aide à établir un contact avec ma Source intérieure en laissant l'énergie circuler librement.

Le boomerang fonctionne dans un sens comme dans

l'autre. Si je raconte régulièrement des mensonges, les gens perdront confiance en ma parole et ne m'écouteront plus. Si je rends service avec plaisir, les gens apprécieront ma gentillesse et seront mieux disposés à m'aider à leur tour.

Tout ce que je fais, dis et pense me revient comme un boomerang dans ma vie. Chacune de mes pensées est semblable à un caillou qui tombe dans l'eau. De ce caillou naissent une multitude de vagues qui tôt ou tard frappent un bord de piscine, la rive d'un lac pour revenir vers moi par la suite. Je pose des gestes d'amour sans attente, je récolte des coups de main au bon moment; je critique quelqu'un, quelqu'un d'autre parle de moi en mal dans mon dos. Si j'accepte d'agir d'une certaine manière, je dois aussi accepter de vivre avec la conséquence de mes actes.

Aux alentours de mes vingt ans, je jurais, criais, m'impatientais rapidement, j'avais des gestes brusques et m'emportais pour des riens, bref, je faisais vraiment tout, sans m'en rendre compte, pour éloigner les gens. Mais, selon moi, le problème, c'était les autres. Voyons! Quoi de plus normal que d'exprimer ma colère. Pas question de la refouler pour faire plaisir aux autres! S'ils n'étaient pas contents, c'était leur problème et non le mien. Seulement, je me cachais un petit détail: mes colères se produisaient, non pas une fois par année, mais bien à tous les jours.

Mon meilleur ami gardait toujours ses distances vis-à-vis de moi. Son attitude m'agaçait et me frustrait. Malgré le plaisir évident que nous avions à nous fréquenter, nous ne parlions jamais vraiment de choses "sérieuses", de ce que nous vivions intérieurement. Un jour de rares confidences, pressé de questions, il m'avoua, très mal à l'aise, qu'il me tenait à distance respectable de lui intentionnellement.

- Denis, j'ai toujours voulu être plus proche de toi, qu'on se voie plus souvent, mais je sens que tu me tiens constamment à l'écart quand tu as le goût de jaser. Tu vas voir quelqu'un d'autre. Est-ce que je me fais des idées?

- Non.

- ?!? Explique-toi.

- C'est vrai, je tiens mes distances.

- Mais... Pourquoi?

- Je ne suis pas certain que tu puisses comprendre.

- Pourquoi?

- J'ai peur de ta réaction.

- De... de ma réaction?!?

- Oui, tu es brusque, tu gueules souvent; j'ai peur de toi.

- Tu as peur de moi!?! Voyons donc! Je ne t'ai jamais touché ou frappé.

- Tu dégages tellement de violence quand tu parles ou quand tu es fâché que j'ai peur que tu perdes le contrôle.

Cet aveu arraché de la bouche de mon ami me fit redescendre brutalement sur terre. Il me secoua à un tel point que je fis immédiatement le lien avec certaines de mes amies de coeur. Elles aussi avaient eu peur et me l'avaient dit. Comme ma fille Hélène, à l'âge de cinq ans, avait osé me le dire elle aussi. Ma violence éloignait les gens que j'aimais autour de moi. C'était l'impitoyable conséquence de mon comportement.

Lors d'une recherche d'emploi, j'avais soumis ma candidature pour un poste exigeant un minimum de vitesse à la dactylo. Malheureusement, à la lumière de mes tests, la piètre qualité de mon doigté en dactylographie ne me permettait pas de remplir adéquatement les fonctions du poste. Déçu, j'avais quand même remercié le responsable en lui témoignant de nouveau mon envie d'obtenir ce travail et de collaborer avec lui. Un an plus tard, le poste redevenu libre, cette personne m'a contacté pour me l'offrir. J'ai sauté sur l'occasion. Plus tard, elle m'expliqua qu'elle se souvenait de moi à cause de mon attitude lors de notre rencontre. Ma bonne humeur, ma franchise et mon désir sincère de faire équipe avec elle l'avaient touchée. Je venais d'apprendre que toute graine semée fleurit un jour d'une façon insoupçonnée. Cet événement a renforcé davantage ma conviction de poser sans cesse des gestes d'amour, même lorsque les situations semblent difficiles. Les apparences ne sont que des tests pour fortifier ou affaiblir mon pouvoir d'amour divin intérieur. Est-ce que je garde mon harmonie et ma paix ou est-ce que j'embarque dans le jeu des apparences et du mental? J'ai toujours le choix.

Moi, j'ai choisi la lumière. Je sais que toute action de ma part entraîne une conséquence. Connaissant cette vérité très simple, il me reste à déterminer ce que je veux vivre: des conséquences difficiles et traumatisantes ou épanouissantes et harmonieuses? L'orgueil déclenche des réactions d'orgueil et de violence; l'amour, la patience et la tolérance produisent la joie, le bonheur et l'amour.

En prenant conscience de mes paroles, gestes et pensées, je modifie mes comportements nuisibles qui m'attirent insécurité et épreuves dans ma vie. Par mes prises de conscience, par le jeu du miroir, par mon honnêteté envers moi-même, je suis en mesure de reconnaître mon comportement sabotant, d'en comprendre ensuite la source et de transformer ma pensée et mes gestes en conséquence.

Bien sûr, encore une fois, le choix d'agir ou de ne pas bouger me revient toujours. Au cours de mes ateliers, j'ai rencontré un couple qui mangeait depuis plus de vingt ans leur repas de spaghetti à tous les samedis soir. À ma suggestion, ils ont varié leur menu du samedi soir durant deux semaines, mais à la troisième, ils étaient revenus à leur habitude. Les habitudes sont souvent plus fortes que notre désir d'améliorer les choses. Les changer demande d'effectuer un pas dans une direction encore inconnue. Ceux qui choisissent toujours le même siège restent toujours à la même place dans la vie. Pression sociale ou non, le choix demeure le mien.

La conscience implique la prise de responsabilité de mes actes et des suites qu'ils provoquent. Si je décide de garder la même place, je ne dois pas en rendre les autres responsables. Si je décide de bouger, je ne dois pas en rendre les autres responsables non plus. Et me culpabiliser, parce que "je n'avais pas le choix", ne résout rien.

C'est parce que j'ai choisi la lumière que j'ai décidé de me respecter et de respecter les autres. En m'engageant sur ce chemin, je fais preuve d'amour envers moi et les autres. Par le jeu du miroir, en jugeant autrui, c'est finalement moi que je juge à travers lui.

En effet, mon jugement me revient comme un boomerang. Si je pense du bien de moi, je vais penser du bien des autres. Si j'envoie promener quelqu'un, quelqu'un va le faire à son tour. Si je dis du mal des autres, d'autres disent du mal de moi. Si je crie après quelqu'un, je dois m'attendre à subir moi aussi ce traitement. Tout jugement implique son retour vers moi; tout geste d'amour entraîne lui aussi son retour à moi d'une façon ou d'une autre. Si je juge qu'un tel a un air idiot, il y a sûrement une personne qui pense la même chose de moi quelque part.

En jugeant, j'indique en fait aux gens: "tu devrais être comme ceci et comme cela pour que je t'aime." J'essaie d'attirer l'attention, pour avoir le sentiment d'être aimé. Si je veux avoir l'amour dans ma vie, il faut commencer par me le donner. Si je veux être aimé, je dois arrêter de me faire haïr. Ce sont des décisions que je dois prendre avec courage et sans reculer. Ne pas agir et attendre par peur sont aussi des décisions. Ceux qui disent être incapables de décider le font tout de même, mais en se laissant pousser par les autres et les apparences.

Toutes mes rencontres contribuent à me faire grandir. Quand je m'attire des gens qui semblent moins appropriés pour moi, c'est pour mieux user de mon pouvoir de création. Si ma perception d'eux se limite à une image terne, quelque part dans ma vie, c'est que je suis terne aussi. Alors, c'est à moi à créer mon univers "amélioré". Lorsque je suis vraiment de bonne humeur, il peut survenir n'importe quoi, je garde ma bonne humeur. Avez-vous déjà remarqué cela?

Un jour, dans l'ascenseur où je travaillais, entra une employée, Gabrielle, qui pestait contre tout le monde. Sa mauvaise humeur commençait à contaminer l'atmosphère dans l'ascenseur. Mais moi, j'étais particulièrement d'excellente humeur cette journée-là. Je me suis adressé directement à elle en lui racontant une blague savoureuse. Toutes les personnes présentes ont pouffé de rire. Gabrielle, hésitante au début, a esquissé un petit sourire et est ressortie mieux disposée. Quels que soient les tests que les apparences puissent me soumettre, en gardant mes pensées et mon attitude bien centrées sur ma joie et mon amour, je coule à travers n'importe quelle situation.

Chaque personne que je rencontre est importante. Chaque personne fait figure d'enseignant pour moi. Il n'existe personne de supérieur ou d'inférieur dans la vie. Chacun possède son lot de qualités et de défauts et chacun a son travail de transformation à effectuer. Je laisse aux gens le soin de vivre leurs propres expériences. Plus j'évolue, plus je m'entoure naturellement et spontanément de personnes en harmonie.

Pareil au miroir, si je veux être aimé par les autres, je dois m'aimer en premier. Je reçois dans la vie ce que je donne. Ce que je ne donne pas ne peut me revenir. Plus je donne, plus je reçois en abondance. Donner, c'est ne rien attendre en retour et recueillir sa récompense dans le plaisir de donner, de faire plaisir à l'autre. Donner est un geste gratuit, libre d'égoïsme, sans une pensée pour obtenir un retour éventuel. Donner est une façon de déposer un trésor dans ma banque spirituelle. Il faut apprendre à faire le vide, à donner. En donnant de l'amour, j'en reçois plus que je suis capable d'en recevoir. Je le reçois, non pas comme je le veux (j'ai passé l'aspirateur, alors je m'attends à avoir mon mets préféré pour le repas), mais comme j'en ai besoin pour apprendre et découvrir davantage les autres facettes de l'amour. Ce que je fais pour un, un autre va me le remettre.

Construire à partir de mon intérieur

Le cycle d'action Être-Faire-Avoir se révèle plus difficile à vérifier que le précédent, car son contrôle me glisse entre les doigts. Il me demande de faire confiance et de lâcher prise. Je ne peux faire comme avec mes enfants, me cacher derrière la porte et observer si tout se déroule selon mes désirs. Le cycle d'action Être-Faire-Avoir implique la prise en charge totale de ma vie, ce qui veut donc dire que je ne cherche pas de coupable pour soulager ma conscience. Tout provient de mon intérieur, de mon pouvoir créateur divin. Les miracles se manifestent sans que je puisse imaginer d'où ils surviennent. Chaque miracle représente une occasion de plus, imaginée par mon intérieur, pour se moquer gentiment du contrôle qu'essaie de maintenir mon mental, préoccupé à tout prévoir, afin que rien ne lui échappe.

Avoir-Faire-Être me dit: quand j'aurai un bon emploi, je ferai encore plus d'argent, plus de voyages, plus de camping, plus de sorties et je serai donc plus heureux.

Être-Faire-Avoir me propose plutôt une approche harmonieuse de la vie: je suis une personne extraordinaire, remplie de joie, de bonne humeur et d'amour; je pose donc tous les gestes nécessaires pour m'exprimer pleinement et librement afin d'avoir l'emploi idéal pour moi.

Être-Faire-Avoir change ma vie en une source de joie et de lumière. Je pars de ce que je suis pour créer mon univers et comme je suis directement issu du divin, ma vie touche alors au merveilleux illimité. Affranchi de mon orgueil, je perçois les gens comme ils sont vraiment, des êtres venus sur terre pour apprendre eux aussi le sens du mot amour. Alors, quand je les vois faire une action étrange à mes yeux, je souris et suis plus tolérant.

Mon langage change au rythme de mes pensées. Mes déclarations proviennent du meilleur de moi-même.

J'affirme mes demandes sans savoir comment cela va se produire.

J'affirme mes demandes en écartant mes doutes.

J'abandonne mon contrôle et fais confiance.

J'améliore mon estime de moi.

Je mets un point final à travailler sur les autres et je place mes efforts de transformation au bon endroit, sur moi.

Je cesse de colporter plein d'histoires à gauche et à droite, je cesse de surveiller et d'essayer de prendre l'autre en défaut et je travaille sur moi.

Je mets un frein à parler d'un problème vécu avec quelqu'un à tout le monde et je m'adresse plutôt directement à la personne concernée pour le régler.

Je n'abandonne jamais au premier obstacle, je vais au bout de moi-même.

Il n'y a pas de problème, uniquement des solutions.

C'est à moi de m'améliorer!

Être-Faire-Avoir, en théorie, c'est très simple. Toutefois, la mise en pratique n'est guère plus compliquée, mais elle demande de faire le premier pas avant d'obtenir des résultats. Je voudrais être bien certain de mon coup avant de m'aventurer dans cette nouvelle voie. Elle demande une transformation de mes habitudes. Au début, bien sûr, cela ébranle mon quotidien, car il y a certains côtés de moi-même qui me sont plus ou moins agréables à regarder en pleine face. Mais ces côtés représentent l'hiver de mon existence, hiver qui me fait apprécier encore plus ce que je deviens, mon printemps, l'éveil. L'enjeu d'une vie simple et harmonieuse, de me connaître vraiment à partir de l'intérieur, en vaut largement la chandelle.

J'ai le courage et l'audace de réaliser mes objectifs, j'accepte de recevoir et de faire confiance. Je m'engage et je suis intègre. Lorsque je décide de prendre un engagement et affirme compléter un travail, je tiens parole. J'ai du respect pour mes propres paroles.

La vie est un jeu enthousiasmant et surprenant. J'arrête dès maintenant de trouver la vie lourde et pénible. Plus j'entretiens cette pensée, plus je récolte ce que je sème, une vie lourde et pénible. Je peux réellement m'amuser dans la vie. J'arrête de donner du pouvoir à l'argent et je donne du pouvoir au bonheur. La vie est extraordinaire et magnifique!

Je comprends pourquoi je ne pardonne pas facilement et installe en moi une approche basée sur l'amour et la tolérance. Je pardonne et contribue activement à la vie des autres.

J'atteins mes objectifs et en crée de nouveaux à

mesure que je les réalise. Par conséquent, je me fixe un but et je vais jusqu'à lui.

Je suis satisfait et fier de moi. J'ai de l'estime pour moi, je suis radieux. J'évite le piège de jouer à l'orgueilleux et à la personne imbue d'elle-même: j'accomplis des actes d'amour qui parlent de ma puissance divine et loin d'en avoir honte, je me sers de mes réussites pour me propulser vers de plus grands défis.

Je me reconnais et je suis reconnu.

À partir de "Être", il n'y a plus de fausse modestie. Je suis un être extraordinaire. Pas a demi extraordinaire et à demi limité, mais entièrement exceptionnel. C'est vrai, mon univers parle de moi. J'ai d'excellents amis, je travaille en compagnie de personnes agréables et remplies d'amour, j'ai une belle maison, deux beaux enfants, une femme merveilleuse, etc.

Mais avant de me considérer comme un être extraordinaire, j'ai fait des choix afin de vivre cela. Avant mes démarches, j'étais malheureux. Rien ne fonctionnait à mon goût, ma vie suivait un cours dévalorisant et compliqué. J'ai tenu bon à mes choix. Je voulais me construire, transformer mon existence en quelque chose d'enthousiasmant. Pour réaliser cette transformation, je n'ai pas hésité à donner congé à des individus dans ma vie, frères et soeurs inclus. Comme chacun choisit sa voie, je ne suis pas obligé de suivre quelqu'un qui se complait dans son malheur et qui ne veut rien tenter pour améliorer son sort. Je tiens tellement à mon bonheur que je ne laisse rien m'ébranler, je règle le problème sans attendre. Je ne connaissais rien au bonheur avant. Mon premier soin est de m'entourer de gens soucieux de semer la joie et le bonheur dans leur vie, de gens qui me ressemblent.

Le fait de vivre en abordant chaque événement avec amour et ouverture, en cherchant sans relâche des solutions, m'a permis de surmonter un des plus durs tests de ma vie. Voilà déjà cinq ans que Nancy et moi partageons un bonheur sans égal. Les gens qui nous rencontrent pour la première fois sont parfois surpris par les quinze années qui nous séparent. Cette différence d'âge associée au fait d'être animateur de cours de connaissance de soi a creusé un immense fossé entre nous et certains membres de la famille à Nancy. Les brimades, bassesses et jugements devenaient tellement cruels, que malgré toute ma bonne volonté, j'ai songé quelquefois à m'enfuir loin de Nancy. Mais, reprenant le dessus, je me calmais et me ramenais à ce qui était vraiment essentiel: est-ce que j'aime Nancy? Est-ce avec elle ou avec les autres que je compte vivre ma vie? Ces jours de doute sont maintenant loin derrière nous. Ils ont contribué à nous rapprocher de façon extraordinaire, à resserrer intensément notre couple.

Par ma capacité de centrer ma vie sur l'amour en m'appuyant en toute confiance sur mon intérieur, sur ma lumière me reliant à la source de toute chose, je m'affirme et contribue à ma vie et à celle des autres. Plus je me connais et plus je peux contribuer à celle des autres. Je ne me torture plus les méninges pour sauver le monde entier, mais je n'hésite pas à donner, à écouter, à rendre service quand l'occasion se présente.

Je reste simple. J'ai tout à apprendre. Que ce soit un

psychiatre ou un enfant, un ministre ou un plombier, un handicapé ou une prostituée, personne ne possède une importance supérieure à un autre sur terre. Peu importe ma façon de vivre, elle me sert pour me faire grandir et retrouver l'essence même de ce qu'est l'amour. Nous vivons tous des expériences différentes dans un but commun, apprendre à nous connaître et à recontacter notre essence divine. Sachant cela, mes jugements tombent face à ma tolérance en pleine croissance. L'être, c'est l'aventure prodigieuse de se découvrir, d'accéder à un monde invisible d'amour encore inconnu.

Maintenant que ma conscience d'être merveilleux s'intensifie, je deviens de plus en plus créateur de ma vie. Mais jusqu'à maintenant j'ai passé ma vie à apprendre sur les autres, pas sur moi. Comme je nais seul et meurs seul; tout le cheminement effectué sur terre prend le visage d'une découverte intime et non pas des autres. Pourtant, j'essaie souvent de changer l'autre afin qu'il s'adapte à moi. Je suis très bon pour dire à l'autre quoi faire sans le mettre moi-même en pratique.

À l'inverse, agir sans rendre publics mes gestes dans le but conscient ou non de me valoriser est l'apanage des gens qui exercent leur pouvoir de changer leur vie. Quelquefois, je rencontre des gens qui se pavanent comme des paons en étalant ostensiblement leur savoir, en jetant de la poudre aux yeux. Leur besoin de valorisation est tellement transparent. Ils ont besoin de cela pour se donner de l'importance face aux autres au lieu de se donner eux-mêmes leur propre importance. Quand je sais que je suis important, mon besoin de le prouver s'efface, car je suis animé par ma conviction profonde. Chacune de ces rencontres me rappelle combien il est important de vivre simplement et de mettre en pratique mes belles paroles. Ici, sur terre, c'est moi que j'améliore, pas les autres. Eux aussi ont autant à faire que moi. La vie me sert de tremplin pour retrouver ma nature divine. La vie prend toute sa signification quand je comprends que ma nature profonde m'appelle au bonheur et à l'amour de ce que je suis.

Bien sûr, comme cette nouvelle façon d'engager ma vie amène des habitudes à modifier, je tombe dans le doute, surtout que je ne contrôle pas la situation comme mon mental me le demande avec tant d'insistance. Mais au fil des semaines, des mois et des années, les preuves de la magie de cette façon de vivre vont tellement s'accumuler, que je pourrai sans cesse vérifier le merveilleux et la réalité de ce cycle.

Le plus comique de la chose c'est qu'au fur et à mesure que les preuves s'accumulent par elles-mêmes, je tombe dans le doute un moment, pour refaire confiance encore et continuer à recueillir des preuves, pour douter de nouveau et ainsi de suite, jusqu'à me rendre à l'évidence et accepter que tout tire son origine de moi. Le doute naît de ma peur d'être vraiment une personne extraordinaire et de devoir vivre à la hauteur.

L'idée de la perfection, si fortement ancrée en moi, me suggère que pour être spirituel, je ne peux tolérer aucun écart. Mais la perfection se situe dans ce que je suis au moment présent. Tout ce que je fais est parfait. Je le fais au meilleur de ma connaissance et c'est cela qui me rend parfait. Et demain, je serai parfait. Et hier, malgré tous mes échecs apparents, ce n'était que le point de départ de mon apprentissage; j'étais déjà parfait. La perfection existe par mon évolution et évolution veut dire expérience. Plus je me permets des expériences, plus j'évolue.

Je suis aussi parfait que je peux l'être, ici et maintenant. C'est pourquoi j'enseigne le mieux ce que j'ai à apprendre. Même si ça fait des années que j'enseigne, je prends encore des prises de conscience, je demeure en évolution continuelle. Je ne suis évidemment pas arrivé à l'idéal de conscience totale de l'Amour; si je l'avais atteint, je serais peut-être un être lumineux, blanc, en haut de l'Himalaya avec une grande barbe!...

Par les preuves, prises au coeur de ma vie, de l'efficacité du cycle ÊTRE-FAIRE-AVOIR, ma vie s'enrichit de façon phénoménale. Ressentir avec certitude ma capacité de forger de A à Z ma destinée me donne des ailes et du courage. Ce n'est plus une belle suite de mots séduisants, mais bien une expérience délivrant ma conscience.

Certains restent dans le doute toute leur existence pendant que d'autres vivent au maximum et profitent de chaque instant de leur vie. C'est un choix, celui d'affronter ses peurs ou de chercher des solutions. Pour certaines choses, je ne doute plus. Je suis convaincu, sans toutefois comprendre pourquoi, que telle ou telle chose va se réaliser. Parfois, je ris de voir mon mental s'affoler: l'évidence est devant moi, bien tangible, mais je continue à chercher le truc, l'explication rationnelle. Tapie au fond de moi, mon ancienne programmation établie sur le mode de la limitation, me chuchote toujours à l'oreille que je ne peux être vraiment heureux sans avoir fait des efforts extraordinaires. Ma tête m'affirme avec une telle énergie l'invraisemblance d'une vie parfaitement heureuse que quelquefois je doute. Puis, les doutes s'estompant au fil des jours, j'apprends à parler à mon tour à ma raison: tu as une place dans ma vie, mais pas toute la place! Mon coeur et mon âme occupent aussi une partie, plus grande que toi, d'ailleurs.

Par son inspiration, je suis ouvert et réceptif tout en triant les pensées et les idées que les gens me soumettent comme des vérités absolues. Je trie en toute conscience cette "publicité" incessante.

Chaque journée, on me suggère de nouvelles idées qui peuvent représenter un plus dans ma vie. Mais certaines personnes tentent de me vendre des idées sabotantes en les répétant constamment: "Plus ça va, pire c'est!", "Les riches sont tous malhonnêtes", "Les enfants, c'est juste du trouble", etc. Je sélectionne avec sévérité toutes ces pensées épouvantables. Elles limitent mon épanouissement et ma réussite. En les entretenant, j'accepte le découragement et la non confiance en moi et en la vie.

À mon travail à l'hôpital, il y avait toujours une personne pour se plaindre des médecins qui, selon elle, se prenaient pour d'autres. J'ai découvert que cette attitude isolait les gens entre eux. En faisant le premier pas vers les médecins, je me suis aperçu qu'ils étaient aussi humains que vous et moi et qu'une conversation agréable était tout à fait possible. Seule la pensée préconçue des gens limite les liens.

Heureusement, je suis un collectionneur assidu d'idées formidables. Je n'admets dans mon esprit que celles qui soulèvent mon enthousiasme et augmentent mon estime de moi-même ainsi que ma confiance. Ma vie se transforme alors en une formidable aventure. J'achète les idées positives et stimulantes et ferme la porte aux colporteurs de limitations qui sapent mon énergie et mon enthousiasme. J'affirme et les répète à tout moment pour les faire miennes et les ancrer en moi. Désolé, mais les idées négatives ne m'apportent absolument rien dans ma vie remplie de joies et de surprises merveilleuses.

J'achète l'idée qu'il n'y a pas de problèmes, mais uniquement des solutions. Et miraculeusement, aucun problème ne devient assez important pour constituer un obstacle. Si je ne possède pas moi-même la solution, je possède au moins la possibilité de consulter les gens appropriés.

J'achète l'idée que chaque journée de la semaine mérite mon enthousiasme!

J'achète l'idée que plus les défis sont grands, plus je réveille mes ressources intérieures inépuisables.

J'achète l'idée que la vie m'aime et qu'elle ne cesse de m'offrir des possibilités de grandir et de repousser mes limites.

Je n'accepte que les pensées qui insufflent vie à mes rêves.

Je crée la joie de vivre: la télévision a une place dans ma vie, mais pas au point de me transformer en Monsieur et Madame Zap! Je ne suis pas ennuyant au point de fixer la télévision constamment en me faisant greffer une télécommande au bout de la main. Je suis vivant et j'exprime cette vie qui coule en moi dans chacune de mes cellules.

Je reçois assistance et je délègue: j'accepte l'aide quand j'en ai besoin. Combien d'entre nous hésitent à oser faire cela? Ce n'est pas dire aux gens "je ne suis pas capable" ou paraître inintelligent, c'est au contraire, faire preuve d'un bon jugement que de se tourner vers des gens qui peuvent nous aider à aller plus loin. Lorsque André me proposa son aide pour fabriquer les bureaux, est-ce que j'aurais dû dire "non, je vais me débrouiller"? Le contact avec André m'a permis d'acquérir une nouvelle dextérité manuelle et une meilleure connaissance de la construction des meubles. Seul mon orgueil peut me freiner et rejeter les offres d'aide. Est-ce que je suis habitué à me faire une vie dure?

Je crée l'harmonie en moi et tout autour de moi: peu importe ce que je crois à travers ma spiritualité, je le mets en pratique tous les jours, toutes les heures, toutes les secondes. Créer ma vie n'est pas un travail à temps partiel qui occupe mes moments libres ou seulement le dimanche à l'occasion de la messe. Je vis au quotidien de nombreuses situations qui me demandent d'être en harmonie sans relâche. C'est facile de parler de spiritualité autour d'une bonne table, lors d'un agréable repas entre amis, mais j'ai tendance à oublier vite quand je retourne chez moi. Je recommence à critiquer et retombe dans le cycle épuisant Avoir-Faire-être.

Je lâche le contrôle et abandonne, je suis ouvert aux miracles: je travaille ma spiritualité, je l'approfondis, je la vis. En agissant de la sorte, les résultats abondent dans ma vie. Si j'attends après un résultat pour bouger, je donne la puissance à ce résultat. Prendre les devants en posant le premier geste ajoute foi à ce que je suis et qui crie si fort en moi. Je récolte bien au-delà de mes espérances: satisfaction, bonheur, santé, prospérité, sérénité, harmonie, amour, etc.

Je pardonne, je complète, je suis intègre, je donne, je m'aime, je m'engage, je suis responsable. Je donne au mental sa vraie place, celle de support dans ce que j'entreprends, pas celle de capitaine.

J'arrête d'essayer et je le fais. Essayer témoigne de mon manque d'engagement; je ne suis pas engagé à fond, alors je récolte des demi-résultats qui me laissent sur mon appétit.

Le monde conscient pratique cette manière d'agir: je suis responsable de ma vie et j'en prends l'entière responsabilité. Ce processus exige un travail spirituel constant, en tenant à jour mes affirmations, mes objectifs de vie, en maintenant l'harmonie dans ma vie sur tous les plans. À tous les jours, je prends un minimum de cinq minutes avec moi pour m'écrire, contacter mon âme, faire des affirmations, me fixer de nouveaux buts quand j'atteins ceux déjà pris. Quelques-uns de mes amis éprouvent de la difficulté avec cette façon de faire, ils trouvent qu'elle prend du temps. Mais quand j'y pense un instant, qu'est-ce que cinq minutes sur 24 heures? Bien sûr, mes vieilles habitudes sont tenaces, mais mon estime de moi est plus fort que mes habitudes. Mon esprit est plus fort que la matière.

Construire à partir de mon émotion

Être-Faire-Avoir me permet de créer mon monde à partir de la source divine qui m'habite et qui emplit l'univers. Je n'ai pas besoin d'aller voir Pierre, Jean, Jacques, Carole, Louise, Ève, d'acheter une méthode miracle, de suivre une quantité toujours insuffisante de cours. Cela nourrit l'insécurité de mon mental qui a peur de manquer de quelque chose ou de ne pas être à la hauteur. Je n'ai besoin de rien dans tout cela. J'ai déjà tout ce qu'il me faut en moi: l'amour et la puissance créatrice divine habitent en moi. Je baigne dans un univers d'abondance illimitée. Même si mes yeux ordinaires ne perçoivent pas cette abondance, elle est là, attendant patiemment que je pige en elle. Je ne vois pas les rayons X et pourtant ils existent et peuvent influencer ma vie en provoquant des malaises si j'y suis trop exposé. L'abondance, non seulement, j'y suis exposé, mais je l'ai trop près du nez pour bien la voir avec ma conception limitée.

Je n'ai pas à attendre passivement que l'abondance divine veille à combler tous mes désirs. Il existe des moyens pour participer activement à la réalisation de mes souhaits. L'Univers fait sa part et je fais la mienne. La maxime "aide-toi et le ciel t'aidera" n'a jamais été aussi vraie. Connaissant déjà l'objet convoité ou l'environnement dans lequel je veux vivre, je peux créer son image plus efficacement dans mon esprit. Je visualise leur présence, leur venue, leur réalité comme faisant déjà partie de la mienne. Par la création d'une image en moi, j'envoie un message plus clair à mon âme. Elle n'a pas besoin de deviner ce que je veux, elle le voit. Il est donc plus facile à mon âme de saisir la commande formulée et de créer un moment et un lieu pour rendre concrète ma vision.

J'adore les bandes dessinées. En vrai mordu, je magasine souvent dans les petites boutiques spécialisées afin de trouver une pièce de collection, un trésor caché juste pour moi. Je rêvais à un numéro fort rare d'une bande dessinée épuisée sur le marché, je l'imaginais, je le voyais rehaussant fièrement ma bibliothèque et je le recherchais partout. Au bout de deux années de recherche, ma patience fut récompensée: en vidant une des garde-robes d'un ami qui se préparait à déménager, le livre m'est tombé sous la main. Le bonheur! Mon ami a eu la gentillesse de m'en faire cadeau.

"Voir" donne corps à mon rêve. Par ce moyen, j'avive ma volonté d'atteindre et de réaliser mes rêves. "Voir" c'est donner une texture bien concrète à un rêve encore invisible. Par le simple fait d'y penser, je crée déjà l'objet de mon désir. Ma pensée crée. "Voir" attire un rêve plus près encore de ma réalité. Mon âme comprend que je tiens à mon désir et qu'il est sincère. Cela active et stimule les préparatifs de mon âme pour l'amener dans ma réalité. "Voir", c'est la visualisation créatrice (ex: pilote d'avion, écrire un livre), c'est un des outils les plus puissants qui existent. Autant les sportifs "visualisent" leur performance pendant l'entraînement et les compétitions, autant les grandes personnalités reconnues dans le monde ont "visualisé" leur rêve avant de pouvoir le réaliser.

J'ai visualisé une voiture, je l'ai eue quelques mois plus tard; j'ai visualisé un ordinateur, mon amie m'a prêté le sien pour tout le temps que je voulais; j'ai visualisé un travail correspond davantage à une atmosphère d'entraide et de coopération, un an plus tard, on me l'a offert; je me suis visualisé recevant une fleur, le lendemain, une élève m'a donné une fleur en céramique qu'elle avait réalisée elle-même; je me suis visualisé en harmonie avec une personne que j'éprouvais de la difficulté à côtoyer, une occasion s'est présentée où nous nous sommes retrouvés seuls et où nous avons pu parler et mieux nous comprendre. De plus, ma liste interminable de cadeaux ne compte même pas les fois où j'ai visualisé et demander quelque chose que j'ai eu sans m'en rendre compte.

C'est vrai, parfois je demande quelque chose à mon âme, et je l'oublie aussitôt. Je l'obtiens un peu plus tard et je ne m'en aperçois pas. Un jour, contrarié de ne pas trouver un livre dont j'avais besoin tout de suite, j'avais demandé à mon âme de le retrouver. Puis, la vie suivant son cours, j'avais complètement oublié mon livre pour passer à autre chose, mais pas mon âme. Quand je l'ai retrouvé, je l'ai rangé dans ma bibliothèque sans une seule pensée de remerciement pour mon âme. Comment pouvais-je en avoir une alors que je ne me souvenais même plus le lui avoir demandé? Finalement, c'est François qui, apercevant mon livre rangé dans ma bibliothèque, m'a rappelé ma demande insistante. C'est seulement à ce moment-là que j'ai réalisé qu'effectivement, j'avais eu ce que j'avais demandé.

Ma pensée crée, mais bien souvent je n'y donne pas suite. J'omets alors de réaliser mon pouvoir créateur. Je rate une occasion de souligner une fois de plus que je crée tout ce qu'il y a autour de moi, mon environnement et mes expériences.

Mais visualiser n'est pas complet si l'émotion ne se joint pas à mon acte pour former un tout indissociable.

Pilote d'avion était vraiment le seul métier que je voulais faire étant jeune. Rien d'autre ne me motivait, ni ne m'emballait. Pour moi, un pilote d'avion représentait l'homme des responsabilités, l'homme dynamique, l'homme des grandes aventures, l'homme qui voyage partout dans le monde, bref, l'homme que j'aurais voulu être sans y croire.

Mon manque de confiance et d'estime de moi m'a détourné de mon beau rêve. Quand je regardais des reportages télévisés touchant aux avions, quand je passais près d'un aéroport, quand je voyais un avion dans le ciel, mon coeur battait toujours un peu plus vite que d'habitude. Je regardais avec envie les pilotes de brousse et de ligne parler avec des yeux pétillants de leur métier et je m'imaginais quelquefois dans mon avion, volant au-dessus des nuages. En imaginant mes beaux scénarios, j'étais heureux dans ma tête, mais malheureux dans mon coeur, car je ne croyais pas à la possibilité de devenir pilote.

Pendant des années, mon rêve refaisait surface une fois de temps en temps et je me remettais à y penser, à le visualiser, mais sans jamais aller plus loin. Un jour, après avoir commencé à réaliser de petits rêves un à un, en m'attaquant à toujours plus gros, je me suis rendu compte que j'étais rendu à celui de pilote. Durant deux ans, je n'ai rien fait. J'en parlais beaucoup comme pour me convaincre moi-même. Mais quand l'émotion accompagnant ma visualisation fut trop forte, je suis passé à l'action. Je me voyais piloter et je ressentais toute la joie d'aller partout avec mon avion. J'y croyais. Le geste s'est joint à la pensée et je me suis inscrit à une école, obtenant plus tard mon brevet de pilote privé.

Tant que je n'ai pas cru à mon rêve, malgré toutes mes années de visualisation, rien ne se produisait. Le jour où j'ai commencé à y croire, à ressentir mon rêve comme une réalité tangible, il a pris pied dans ma réalité. Il est devenu partie intégrante de ma vie.

Une visualisation sans l'émotion de réussite, de joie à la vivre ressemble à une belle parole qu'aucun geste ne vient concrétiser.

Même si, comme dans l'exemple du livre oublié de tout à l'heure, ma visualisation, ma demande ne se fait qu'une seule fois, si mon émotion l'accompagnant est intense, elle se réalisera. Plus mon émotion est intense, plus rapidement mon désir se réalise. Si mon patron me commande un travail urgent, je fais passer ce travail avant les autres moins importants. C'est la même chose avec mon âme. Plus elle ressent l'ardeur et la puissance de mon souhait, plus elle s'attaque à la tâche avec empressement et entrain.

Le geste en accord avec la pensée

Ma journée type se déroule souvent en 5% d'amour conscient et en 95% de "je fais ce que je peux faire". Quand je suis dans l'habitude de vivre, je subis la vie. Les choses sont pénibles et pesantes, preuve de mes pensées négatives.

Même si d'autres préoccupations s'amoncellent au cours de ma vie, l'amour captive le centre de mes pensées. En effet, je souhaite être estimé par les gens que j'aime, vivre une relation amoureuse où je me sens aimé, travailler dans un endroit où je me sens apprécié, etc. L'amour en moi trouve qu'il y a trop de guerre et pas assez d'amour dans le monde. Il souhaite le meilleur pour mes enfants, qu'ils puissent grandir dans un monde où il fait bon vivre, où les hommes puissent cohabiter sans toujours penser à tirer profit de l'autre pour grossir sa propre part du gâteau. Parfois, je ne me comprends pas. Je souhaite un monde paradisiaque et qu'est-ce que je fais pour créer le paradis dont je rêve? Je lis les journaux et regarde les nouvelles avec toutes leurs horreurs, je préfère les téléromans où les personnages sont constamment au centre de drames incroyables, les films renfermant de la violence gratuite et je me demande ensuite comment ma vie est si vide et remplie en même temps de drames. Je garde ma pensée alignée sur les horreurs et le négatif. La télévision, les journaux, la radio, les opinions des autres me sabotent sans arrêt si je n'écoute pas avec discernement.

Le quotidien se nourrit de mes gestes, de mes paroles et de mes pensées. Il se nourrit de tout ce que je sème au long de ma journée. Je peux donc agir directement dans mon quotidien. S'afficher sur la place publique pour gagner la reconnaissance n'est pas nécessaire pour transformer ma vie. Mes gestes simples et conscients au quotidien sont déjà une source formidable de transformation.

La plupart du temps, quand je fais une bonne action, celle-ci s'accomplit sous l'impulsion du moment, spontanément. J'attends que les autres fassent le plus gros effort avant de suivre leur exemple. Je ne veux pas que cela soit trop dérangeant pour moi. Au lieu de vivre cet effort comme une crucifixion, je peux adopter une autre façon de voir les choses et les vivre avec plein d'amour.

Lorsque j'étais enfant, mes parents m'emmenaient à la messe tous les dimanches. Mais il y avait quelque chose que je ne comprenais pas. D'un côté, on m'apprenait à faire de bonnes actions, à ne pas mentir, à ne pas me mettre en colère, à être plein d'amour et de l'autre, je voyais les mêmes gens présents à la messe parler contre leurs voisins, manquer de charité envers les moins fortunés de la vie, ne penser qu'à l'argent. Sur le perron de l'église, les gens redevenaient semblables au vent: parler et fuir au loin. J'avais beau chercher à comprendre, je ne parvenais à déceler ni l'amour, ni la logique, dans toutes ces paroles et tous ces gestes. D'un côté, j'entendais "Dieu est Amour", et de l'autre, je voyais plutôt l'argent prendre la place de Dieu dans la vie de chacun. Et lorsque, par hasard, les gens se rendaient compte qu'ils faisaient une bonne action, ils étaient fiers comme des paons et le claironnaient tant qu'ils le pouvaient.

Je ne me fais pas d'illusions! Moi aussi, je fais partie de temps à autre de ce club. Je donne sous le couvert de la charité, temps et argent, mais j'aime bien que quelqu'un le souligne ou s'en rende compte. Cela donne de l'importance à mon geste. Malheureusement, cette importance provient encore de l'extérieur et non de moi.

Mes parents m'expliquent que fumer est très dangereux pour ma santé et ils fument deux paquets par jour. Mon professeur de français jure comme un charretier et nous enseigne la poésie. Mon professeur de morale courtise les jeunes filles et nous explique le respect. À l'endroit où j'ai suivi mon premier atelier, le type mangeait comme un puits sans fond, mais pour se donner bonne conscience, il faisait régulièrement plusieurs jeûnes et se faisait donner des irrigations. Je ne peux rouler avec ma voiture à 150 kilomètres à l'heure tout le temps en me disant "je change d'huile souvent" pour me donner bonne conscience. La voiture s'endommage quand même.

Faites ce que je dis, mais ne faites pas ce que je fais! Je ne peux jouer à l'autruche en me cachant la tête dans le sable pour ne pas voir les conséquences de mes actes. Je ne peux prêcher une façon de vivre sans la mettre en pratique dans mon quotidien.

Par contre, ayant maintenant davantage compris l'importance de mon alimentation, je me trouve bon de manger mes fruits, mes salades, mes plats végétariens malgré le fait que je prenne encore du café. J'avance d'un kilomètre à la fois. Bien sûr, j'ai à me dégager de l'habitude du café quand même, mais je vois aussi le chemin parcouru depuis ma prise de conscience. Une marche bien montée vaut mieux que de perdre pied en courant dans les escaliers et de les débouler ensuite. Si j'avais voulu jouer les extrémistes en m'attaquant à la montagne d'un seul coup, en changeant du jour au lendemain toutes mes habitudes alimentaires, je me serais compliqué la vie de façon extraordinaire. J'apprivoise à mon rythme les nouveaux goûts. En me respectant, je prends plaisir à explorer toujours un peu plus loin de nouvelles recettes et de nouveaux mets.

En agissant de la sorte, je me permets de vivre en accord avec ma pensée. Je ressens le besoin de transformer mon alimentation pour alléger la tâche de mon corps et me sentir mieux dans ma peau, alors je passe à l'action, en n'oubliant pas de respecter mon rythme. Quelle que soit ma "vitesse", cela n'a pas d'importance. Seul compte le pas, le geste, l'action.

Plus tard dans ma vie, je me suis mis à écrire à mon

âme, à mon dieu intérieur, affirmant être plein de bonne volonté et d'amour. Dès la minute où un effort à réaliser se pointait à l'horizon pour "une bonne action", je baissais les bras et passais mon tour. Je faisais des exercices de visualisation en m'imaginant dans ma maison et je passais le reste de la journée à répéter à tout le monde que je n'avais pas d'argent. J'écrivais dans un beau cahier des affirmations telles "j'ai l'abondance dans ma vie" et sitôt mon cahier refermé, je recommençais à affirmer, sans même m'en rendre compte, que je manquais de ceci ou de cela. Je déclarais avoir pardonné à mon père le manque d'amour-tendresse dont j'avais souffert enfant et je lui décochais des pointes à chaque occasion qui s'offrait à moi. Etc.

Ma journée type ressemblait à 5% d'amour conscient et à 95% de "je m'enfoutisme". J'agissais carrément comme si tout m'était dû: j'avais fait mon effort et je n'attendais pas moins qu'un gros résultat. Je connais quantité de gens pour qui, un gros effort n'équivaut guère plus qu'à une ou deux journées. Suite à mon "gros effort", j'étais tout surpris que les choses ne suivent pas la tournure que je voulais. Je travaillais fort, fort, fort, durant un gros 10 minutes par jour, puis je passais le reste de la journée à défaire, à démolir ce précieux 10 minutes. En bout de ligne, la frustration augmentait au fur et à mesure que j'attendais après les résultats. Comprenez-moi: j'avais investi du temps et de l'énergie là-dedans!

L'engagement avec soi-même n'est pas une chose à temps partiel. Pour créer ma vie, travailler 15 minutes ne suffit pas. Il faut une concordance étroite entre ma pensée, ma parole et mon geste. Les compromis à ce niveau ne rapportent que frustration et sabotage.

Mon attitude est primordiale. La maladie m'a aidé à

en saisir toute l'importance. Riche en enseignements, la maladie se révèle être une source très précieuse d'indications des changements précis à apporter à certaines de mes attitudes. Une maladie signifie un blocage dans mes pensées. L'énergie vitale en moi ne circule plus librement. Mon corps, occupé à se libérer des déséquilibres créés, accorde moins d'attention à se protéger de l'extérieur et ouvre ainsi la porte aux maladies.

Durant un hiver, j'ai contracté le virus de la mononucléose. Cette maladie accable le malade d'une très lourde fatigue continuelle au point que manger, se tenir debout, marcher ou encore faire sa toilette, représentent un effort incommensurable. Après le choc de la nouvelle, j'ai dû me résigner à garder le lit et à prendre mon mal en patience.

Au début, très irrité de ma mésaventure, la frustration m'envahissait. J'avais du travail qui m'attendait et il n'était pas question de perdre mon temps allongé dans mon lit.

Puis, à force de regarder le plafond pendant mes longues journées, j'ai commencé tranquillement à me demander le pourquoi de ma maladie. Pourquoi est-ce que j'avais une maladie et pourquoi celle-ci plutôt qu'une autre, qu'un simple rhume par exemple? Tout d'abord quel en était l'effet? Chaque geste me coûtait un effort tel, que je devais me reposer sitôt après. Chaque geste représentait un travail lourd et pénible. Bien sûr, j'avais énormément travaillé au cours des derniers mois, mais pas au point de justifier pareil accablement. Ma plus grande frustration se vivait dans le fait de tomber malade alors que mes affaires s'amélioraient énormément. Je travaillais depuis quelques semaines à changer des mauvaises habitudes précises. Je m'efforçais d'être plus serviable, plus travaillant, plus constant dans ce que j'entreprenais. Je ne comprenais pas qu'au moment où enfin je semblais faire les gestes appropriés pour améliorer ma vie et y semer des graines de merveilleux, que tout s'écroule ainsi.

La compréhension s'est installée d'elle-même. Effectivement, j'exécutais tous les gestes voulus, mais en oubliant un élément essentiel et capital dans mon cheminement: ma transformation extérieure devait s'appuyer sur ma transformation intérieure avant toute chose.

Mon attitude face à la vie n'avait pas évolué en accord avec mes gestes. Doucement, le parallèle entre ma maladie et ma vie récente commença à s'éclaircir. La plupart de mes actions se plaçaient sous le signe de la lourdeur, comme ma maladie. Je ne ressentais que peu de joie à faire les choses. Je les faisais parce que je me sentais obligé d'emprunter ce chemin pour parvenir à être "plus spirituel".

Mon attitude court-circuitait mes actions. Ma résistance augmentait au fur et à mesure que je posais mes gestes. Je me battais contre moi-même. Plus je résistais, plus je perdais inutilement de l'énergie.

Ma mononucléose a donné le coup d'envoi à un grand ménage intérieur. Et curieusement, ses effets ont commencé à disparaître aussitôt ma prise de conscience réalisée. Plus je prenais plaisir à effectuer mes tâches, plus je sentais revenir l'énergie en moi. Aujourd'hui, je bénis ma maladie. Grâce à elle, j'ai pu descendre davantage en profondeur en moi et acquérir plus d'amour dans toutes les choses que je prenais pour acquises. Je m'amuse dans ma vie maintenant et cela crée toute la différence au monde.

Mon évolution spirituelle

J'imagine un citoyen d'une autre planète venir nous souhaiter le bonjour. Les présidents, orgueilleux face à cet être "supérieur" venant de loin pour eux, lui font visiter leurs grandes villes, leurs magnifiques industries, leurs beaux projets, etc. Ils pavoisent devant leur propre évolution. Mais l'être venu d'ailleurs n'est pas dupe.

- Messieurs, en quoi êtes-vous évolués?

- Nous avons une technologie remarquable, toujours en poussée constante, nous sommes allés sur la Lune, nous sommes une planète qui a le sens de l'organisation, nous...

- Est-ce que votre belle évolution donne à manger à ceux qui ont faim, des vêtements à ceux qui ont froid, des médicaments à ceux qui sont malades, de l'amour à ceux qui sont seuls?

- Pas à tous, mais nous y travaillons ferme et...

- Alors en quoi êtes-vous évolués? En souffrance? En hypocrisie? En guerre? Non, messieurs, au sens divin qui régit l'univers vous n'êtes pas évolués. L'Amour occupe si peu de place face à votre orgueil dans vos grandes réalisations que l'harmonie entre toutes choses s'en retrouve absente.

"Ne fais pas aux autres, ce que tu ne voudrais pas que l'on te fasse! Agis avec les gens comme tu voudrais que l'on te traite." C'est juste cela. Mon évolution bloque parce que je travaille sur les autres au lieu de concentrer mes efforts sur moi. Je parle de ce que je suis, de ce que je ressens à l'intérieur de moi.

Plus je progresse vers une meilleure connaissance de moi et des choses, plus j'emmagasine du savoir et plus la tentation de me pavaner en le montrant bien comme il faut sans rien mettre en pratique me guette. Ce n'est pas la somme de connaissances qui consacre sa beauté à quelqu'un, mais bien sa simplicité à tout mettre en pratique. Dieu merci, j'ai commencé à oublier toutes les choses que je savais avec ma tête. Plus je me simplifie la vie, plus les choses m'apparaissent simples. Tout est là. Devenir maître de ma vie, voilà un programme extraordinaire! Peu importe ce qui est écrit dans ce livre ou dans d'autres, seul le tournant que je donne à ma vie compte.

Vivre ma spiritualité me fait vibrer et me procure des plaisirs simples et merveilleux de douceur. La marque du spirituel est de s'amuser. Les épreuves et le goût de toujours se rendre les choses dures et compliquées ne traduisent pas une libération de l'amour. Profiter de la vie, c'est rendre hommage au monde que je me suis créé.

L'été dernier, je suis allé à La Ronde avec Nancy, ma femme. Je n'ai dépensé pas moins de $60.00. Tous les jours, je rencontre des gens effrayés à l'idée de dépenser de l'argent simplement pour avoir du plaisir. Au lieu de prendre de l'argent pour s'amuser dans les machines ou les manèges, ils s'inquiètent de demain plutôt que de profiter de l'instant. Cette journée-là, j'ai gagné quatre "toutous". Nancy adore les "toutous" et moi j'adore jouer dans les jeux pour les gagner. Nous nous complétons parfaitement. Je profite bien mieux de ma journée en m'amusant à mon goût. Quelquefois, je souris en regardant des gens mesurer le plaisir qu'ils peuvent se procurer en termes d'argent. Je me souviens d'avoir calculé autant moi aussi. "Aujourd'hui, je m'amuse pour onze dollars, pas plus." L'idée ne consiste pas à vivre au-dessus de ses moyens, mais de garder à l'esprit qu'avant tout, l'important c'est de s'amuser. Si des soucis d'argent ou autres sabotent mes plaisirs, je suis à côté du vrai sens de la vie.

Auparavant, mes journées étaient lourdes, l'argent régissait ma vie. Il fixait les limites de ce que je pouvais faire. Je calculais mon budget et oubliais de m'offrir des folies. Je peux me permettre au moins une folie, un $100 dans une année. De toute façon, j'en dépense bien des $100! Combien de fois est-ce que je vais au restaurant par mois? Il y a moyen de changer mes habitudes et d'en tirer profit: je vais déjeuner à l'occasion au restaurant pour casser mes habitudes, mais le reste du temps je me fais des lunchs ou je cuisine chez moi. Bien sûr, je peux me payer des gâteries à l'occasion, toutefois, ce n'est pas le restaurant qui doit primer. À quand remonte la dernière fois où je suis parti avec mon amour dans un petit coin romantique pour se retrouver? Maintenant je m'amuse en entretenant ma vie de couple, en nous donnant des moments pour nous retrouver, nous parler, vivre de belles choses ensemble, ne plus subir la vie.

J'ai le goût de profiter de la vie. J'ai deux soeurs et un frère décédés. Je peux parler à quelqu'un aujourd'hui, le serrer dans mes bras et le lendemain pleurer sa mort. La vie est trop vite passée. Je ne me suis pas aperçu combien, de leur vivant, je les aimais. Il faut profiter de la présence de nos frères, soeurs, amis(es) et parents. Il faut apprécier les gens, la vie. Je n'ai pas le cancer. Je ne meurs pas de faim.

Je reste jeune dans ma tête. Je me sens jeune à l'intérieur de moi. J'apprends de nouvelles choses chaque jour, comme un enfant qui, curieux de tout, s'intéresse à toute nouveauté. Chaque journée de ma vie est une nouveauté pour moi.

Mon évolution spirituelle m'amène à profiter de la vie, mais aussi à vivre à fond mes propres expériences. J'ai beau expliquer à un enfant de ne pas toucher au rond sur la cuisinière parce que ça brûle, tant qu'il ne se sera pas brûlé, il va généralement aller se mettre la main sur le rond. Mes parents avaient beau faire la grimace et soupirer quand je leur présentais une nouvelle amie, je n'en faisais pas moins qu'à ma tête. C'est seulement rendu au fond de mon désespoir que j'ai cherché la lumière, mais pas avant. La journée où j'ai commencé à écouter et à suivre la voix de mon intérieur, cela a changé ma vie.

Cependant, mes expériences ne sont pas les mêmes que celles du voisin. Lorsque je suis devenu coordonnateur d'un centre pour itinérants, victimes d'inceste et de prostitution, je voulais tellement pour eux. Mais très très rarement, certains montraient un léger intérêt à sortir de leur position. Je voulais les sauver, mais à ma manière, en négligeant d'accepter leur propre cheminement. J'ai remarqué que nous avons tous cette tendance à vouloir beaucoup pour les autres et moins pour nous. Pendant le temps gaspillé à changer l'autre selon ma conception des choses, je ne m'occupais pas de moi. Je ne peux rien contre quelqu'un qui refuse de s'en sortir. À partir de l'instant où il décide d'aller de l'avant, je peux alors l'épauler et le soutenir dans ses démarches, si difficiles soient-elles. Je me rappelle aussi qu'il y avait autant de problèmes à l'interne que parmi les bénéficiaires. Nous possédions tous nos petits jugements les uns sur les autres. Bourrés de ces jugements et de préjugés, notre aide devait être assez limitée.

J'accueille aussi les cadeaux sans me battre avec leur emballage. Nancy et moi accompagnions notre ami Bruno qui désirait s'acheter des meubles. La maison étant presque vide, nous examinions les ensembles de cuisine qui nous permettraient au moins de s'asseoir et de manger décemment. Tout à coup, Bruno est venu nous rejoindre pour m'indiquer un réfrigérateur, un 18 pieds cubes pour $699 taxes incluses. Son coût réel dépassait les $1000, mais suite à une erreur d'étiquetage, nous avons pu bénéficier de cette chance. Pour les meubles du salon, la même histoire se répéta. En visitant différents magasins pour les trouver, nous avons découvert l'ensemble de cuisine à un prix ridicule encore une fois. Nous n'avons pas résisté, nous l'avons acheté. Nos âmes nous faisaient de généreux cadeaux, nous aurions été bien fous de dire "non, ce n'est pas pour cela que nous sommes venus magasiner."

L'abondance fait partie de moi. La refuser, c'est comme refuser d'avoir deux bras et deux jambes. "Oh non, Dieu, c'est correct, juste un bras et une jambe et je vais pouvoir me débrouiller." Moi, je me suis assez "débrouillé", maintenant je passe à l'action et me bâtis une superbe maison au lieu d'une piteuse petite cabane.

Lorsque nous avons vu notre bibliothèque dans le magasin, nous sommes aussitôt tombés tous les deux amoureux d'elle. C'est elle qui nous plaisait. Nous n'avons pas regardé le prix sinon, cette fois-là, nous ne l'aurions pas achetée. J'ai acheté ce que j'aimais. Comment créer l'abondance si j'ai toujours peur de payer ce que valent les choses. Évidemment, nous n'avons pas tout acheté au cours de la même semaine, nos moyens financiers ne nous le permettant pas. Nous y sommes allés une étape à la fois.

Un jour, mon ami Claude et moi étions au Club Price. Soudain, l'idée de lui jouer un tour me monte et sans réfléchir, je la mets spontanément à exécution. Claude a bien peur du ridicule. Je prends un "toutou" et me mets à courir après lui dans les allées en disant "Papa, papa! Achète-moi ce "toutou"!" Aujourd'hui, nous en rions, mais sur le coup...

J'apprends à rire de moi, à ne pas me juger. Les gens qui jugent sont ceux qui restent sur le quai quand le train repart. Ils le regardent passer et ne profitent pas de la chance qu'ils ont de vivre une vie extraordinaire. Ceux qui cessent de juger et montent dans le train s'amusent comme de petits fous. Malgré toutes les prises de conscience que je peux faire, je vois que je ne me prends pas au sérieux, que je mets beaucoup d'humour dans ce que je fais. Je dédramatise ma vie, je la trouve belle et positive. Le cheminement personnel, c'est bien plaisant, mais vivre l'est encore plus.

Être spirituel, c'est ne pas se prendre au sérieux et comprendre que je ne suis qu'en train d'apprendre. Au début, je trouvais dur de faire des prises de conscience. J'avais le sentiment d'étouffer. Puis, je me suis dit "une marche à la fois". J'élimine de ma vie tout le côté dramatique. Je suis ouvert au magnifique de la vie, à mon intérieur, à la magie. Comme un enfant, d'un ruisseau, je crée un océan; d'une branche, une cabane; d'une roche plate, un vaisseau spatial. Je m'émerveille à tout. Lorsqu'un jeune enfant apprend à marcher et tombe sur les fesses, il rit et recommence. En devenant adulte, je donne de l'importance aux choses, aux gens, aux événements. Pourtant, l'essence de la vie n'a pas changé. Pourquoi ne pas rire autant quand je commets une gaffe, quand je vis un échec? Je tombe, je ris de moi et je me relève, c'est tout.

Peu importe l'état de la route ou de la température, c'est toujours moi qui conduit. De ma vision naît sa beauté.

Mon âme, une amie patiente

Être-Faire-Avoir suppose l'action guidée.

Si mon univers extérieur me permet de recueillir maintes informations sur moi et mes pensées, mon bonheur et mon harmonie ne tirent pas leur origine de lui. Certes, il peut occasionner quelques moments intenses de joie et de plaisir, mais mon monde extérieur ne peut m'amener le calme et la paix, la sérénité et l'équilibre nécessaires à ma vie. Pour trouver ce merveilleux, j'oriente désormais mes recherches à l'intérieur de moi. Pour résoudre n'importe quelle espèce de problème, toute l'aide dont j'ai besoin est à l'intérieur de moi, c'est ma source divine me reliant à l'univers, mon âme.

Mon âme, dans son infinie patience d'amour, n'attend que ma demande. C'est la petite voix qui me parle, qui me guide, qui fait tout en son pouvoir pour me ramener à l'Amour universel et inconditionnel. Elle m'épaule dans ma quête de solutions afin que je prenne conscience de ma nature divine. Sa raison d'être est de me ramener à l'Amour universel et inconditionnel.

Mon âme est ma banque de renseignements. Elle a accès à tous les secrets de l'univers, surtout ceux pour lesquels je me casse la tête si souvent. Quand j'ai faim, je vais dans le réfrigérateur ou à l'épicerie afin de me procurer de quoi manger; quand j'ai un problème et que je ne vois pas de solution avec ma tête, je passe à ma banque de renseignements, mon âme, pour y trouver à coup sûr ma solution.

Cependant, la solution de mon âme ne correspond presque jamais à ce qu'avait planifié ma tête. Bien que mon mental essaie de contrôler toutes les ficelles de l'affaire, mon âme me fournit la solution qui résout parfaitement mon problème du moment pour mon propre apprentissage. Mais, influencé bien souvent par ma tête et mon orgueil, je résiste, je ne trouve pas la solution de mon âme si évidente.

Je n'ai qu'à penser à ma rupture vécue avec mon amie de coeur pour qui j'ai pleuré pendant deux ans... Vous vous souvenez de l'histoire du pardon? C'est vrai, sur le coup, quelqu'un m'aurait expliqué le "beau cadeau" reçu à travers cette relation et je lui aurais tordu le cou! J'aurais aimé que mon âme choisisse une méthode plus douce pour m'aider à me réveiller. Maintenant, je bénis autant ma rencontre avec mon amie que la rupture qui m'a tellement apporté. Par ce terrible choc, j'ai commencé vraiment à me prendre en main, au lieu de me raconter sans cesse des histoires abracadabrantes.

Faire appel directement à mon âme, c'est m'épargner du travail casse-tête. Avec ma tête et mon intelligence, je parviens à bien me débrouiller. Bien sûr, je succombe au stress de temps en temps, je m'énerve, je m'en fais un-peu-beaucoup parce que je travaille fort pour que les idées germent, mais j'y arrive quand même malgré mes ulcères. Alors, j'oublie mon âme et j'attends de rencontrer le problème qui va m'amener une vraie crise cardiaque pour songer que, peut-être, mon âme pourrait m'aider. Souvent, je dois vivre un événement bouleversant avant de rechercher une meilleure approche de ma vie. La mort, les ruptures, les faillites, un échec cuisant, la maladie représentent autant de déclencheurs puissants pour me sortir de ma léthargie.

Au fond, toutes ces méthodes dures et violentes pour que la lumière perce les ténèbres de mes pensées négatives ne sont pas obligatoires. J'ai eu beaucoup de messages doux avant ceux, disons, plus frappants. Mon âme ne prend pas plaisir à me bousculer, elle va toujours tenter d'y aller doucement. Selon ma propre résistance, elle augmentera graduellement le "punch" des messages.

J'ai une amie, Claudine, très gentille et toujours de bonne humeur, mais dont la manie de commérer sans cesse devient vite très embarrassante. Elle a reçu de plus en plus de messages clairs au fil des années afin de cesser de raconter tout ce qu'elle savait sur la vie privée des gens à tout le monde. Malgré cela, Claudine a choisi de ne pas leur porter attention. Lorsqu'elle a terminé ses études, elle s'est trouvée un excellent emploi dans son domaine. Enchantée par la tournure des événements, elle rayonnait. Mais sa manie n'a pas tardé à lui attirer des ennuis.

Au début, ses nouveaux compagnons de travail la

trouvaient amusante avec ses nombreuses histoires sur les autres, mais quand ils ont commencé à se rendre compte qu'eux aussi figuraient dans son répertoire, ils ont désenchanté. Ils se sont mis à l'éviter progressivement et à ne lui parler que de la pluie et du beau temps. Inquiète par cette nouvelle façon d'agir, elle se sentait vaguement mal à l'aise, ressentait confusément un sentiment de déjà vu. Ce n'était pas la première fois que les gens semblaient tout à coup plus distants vis-à-vis d'elle. Mais Claudine n'avait pas vraiment le goût de savoir pourquoi. Elle pouvait vivre avec son malaise, car il se tolérait.

Quelques-uns de ses collègues plus intègres lui ont partagé leur sentiment face à son comportement malsain, mais elle, insouciante, ne les prenait pas au sérieux et repoussait du revers de la main leurs observations. Voyons donc! Ils exagéraient! Jamais elle ne faisait ça. Ses rapports avec les autres devinrent de plus en plus froids et des signes flagrants d'antipathie envers elle commencèrent à se faire sentir.

Un jour, son patron vint l'aviser que si elle voulait conserver son poste, elle devait cesser de semer toutes sortes de cancans odieux sur les autres. Ses compagnons de travail en avaient assez des bruits à leur sujet. Ébranlée par le ton direct et sans détour de son patron, elle n'en continua pas moins à garder le même comportement. Voyons! Les gens faisaient des montagnes avec des riens. Au bout de quelques semaines, elle se retrouva complètement isolée par les autres. Enfin, arriva le jour où les conséquences directes et pénibles de son commérage incessant firent déborder le vase. Incapable de travailler dans un endroit où elle était désormais malheureuse et rejetée, elle quitta son emploi. Mais ce qui lui porta le coup fatal, c'est qu'à son départ, personne ne vint lui souhaiter bonjour. Elle en pleura pendant des jours.

Du fond de sa peine, monta plusieurs occasions où elle avait vécu un rejet similaire causé par ses commérages irresponsables. Peu à peu, tout se mit en place dans son esprit: toutes les fois où elle avait perdu des amies à l'école primaire, au travail, à l'université, où elle avait éloigné sa propre famille d'elle en racontant tout ce que les autres faisaient et disaient. Elle commença à réaliser sa manie et ses conséquences déchirantes. À partir de ce moment, elle fit attention à ses paroles et changea son comportement.

Mon âme agit de la même façon avec moi. Elle commence doucement à m'expliquer le manque d'amour de mes actions et augmente les avis au fur et à mesure que je persévère dans cette voie. Mes malheurs ne sont que la résultante de mon refus du bonheur. Le bonheur équivaut à une non résistance face à la vie. Le bonheur, c'est de vouloir regarder sans honte et sans me culpabiliser inutilement, ce que j'ai à améliorer.

Ce qui m'a conduit à chercher sans relâche une amélioration de ma vie est la somme de trois événements: la mort de mes deux soeurs et surtout celle de mon frère Serge, un accident de travail qui m'a laissé le dos en compote plusieurs années et une séparation très difficile. Pourtant, j'avais eu bien d'autres messages plus "doux" avant de vivre ces événements difficiles. Mais, faute de faire appel à mon âme, je me suis attiré de quoi percer ma carapace et m'ouvrir les yeux et le coeur. Ma tête de cochon résistait au changement au lieu de foncer vers l'avant.

Ma séparation a changé ma vie. Je partageais mon existence vide avec quelqu'un que je n'aimais plus. J'étais malheureux, mais je ne bougeais pas de là. Mon insécurité inconsciente paralysait tous mes efforts pour partir. La peur de vivre une situation pire me coupait les jambes. C'est drôle, seule la possibilité qu'il m'arrive pire m'habitait et jamais celle du mieux. Le club des gens pareils à moi, ceux effrayés, voire paniqués par l'idée du changement, compte un nombre phénoménal de membres. Le meilleur service que Marjolaine ait pu me rendre fut celui de partir avec tout, l'argent, l'auto et les meubles. Évidemment sur le coup, j'ai vécu d'énormes réactions. Je me retrouvais dans un appartement quasi vide, sans travail par suite de mon accident et sans le sou. Je me suis mis à fuir, à reprendre de mauvaises habitudes, comme la cigarette après un arrêt de trois ans. Je me suis également mis le couteau sur la gorge en m'achetant malgré tout, une voiture sport, et bien d'autres compensations encore.

J'avais suivi des cours de croissance personnelle dans lesquels nous parlions du contact avec l'âme. Nous avions fait quelques exercices pour cultiver ce contact et je savais maintenant comment m'y prendre. Je savais exactement quoi faire pour m'en sortir. Mais c'est juste que... que j'étais paresseux. Cela m'exigeait beaucoup de prendre du temps pour moi et d'entrer en contact avec moi-même. Je n'étais vraiment pas à l'aise avec ça. Alors je ne bougeais pas. Le choc m'a conduit à me prendre en main, à réaliser des pas vers l'avant, à chercher une signification à ma vie.

Plusieurs mois plus tard, le choc passé, je me suis dit: "Si vraiment, cet argent m'appartient comme je le crois, il me sera remis." Je l'ai affirmé continuellement. En écoutant mon âme, en lui faisant confiance, même si je ne comprenais pas ses suggestions, j'ai reconstruit ma vie de fond en comble pour le mieux. Les messages sont de plus en plus doux, sans nécessité de lutte brutale avec la vie. Ils sont plus doux, car mon âme a moins besoin d'effets spectaculaires pour attirer mon attention. Les enfants qui demandent de l'attention vont jusqu'à s'auto-détruire parfois pour parvenir à se faire entendre. Mon âme, avec cette violence en moins, trouve toujours un moyen efficace pour me dire "Youhou! Je suis là!" Lorsque je trouve que les messages deviennent plus douloureux ou violents, j'oublie de prendre ma responsabilité. En effet, qui n'a pas écouté, qui s'est obstiné à aller dans le sens contraire de ce qu'il ressentait, qui a préféré suivre la voie de son orgueil? Le seul coupable, c'est moi. Ce serait trop facile de rejeter cette responsabilité sur mon âme.

Avec toutes les preuves accumulées, j'ai foi en mon âme maintenant. Je ne me pose même plus la question à savoir si elle est présente ou non auprès de moi. J'ai développé au fil des années une amitié profonde avec elle. Je discerne de plus en plus clairement quand c'est elle qui me parle ou quand c'est mon mental qui a peur. Au début, je demandais souvent des preuves de son existence et même quand je les obtenais, je continuais à en demander, tout sceptique que j'étais. Il n'y avait jamais assez de preuves pour me convaincre totalement. Mais avec le temps, j'ai accepté son existence et nous travaillons ensemble maintenant. C'est beaucoup plus efficace!

Une des preuves que j'ai obtenues m'a fait le plus grand bien. À la demande d'une amie, nous sommes allés tous les deux prendre une marche pour bavarder tranquillement au soleil. Ce dernier nous dardait de ses puissants rayons et très vite, nous eûmes chaud. N'y tenant plus, j'ai cherché mon porte-monnaie afin de m'offrir le plaisir d'une bonne crème glacée. Comme je l'avais oublié, j'ai demandé à mon amie si elle n'avait pas un peu d'argent sur elle. Je voulais qu'elle me prête deux dollars pour m'offrir un cornet. Elle non plus n'avait pas d'argent. Nous avons donc continué à nous promener et tout à coup, l'inspiration de demander à mon âme de m'aider à apaiser ma chaleur avec un bon cornet de crème glacée me toucha! Quelques minutes plus tard, nous passions dans un parc et, surprise, de nombreuses pièces de monnaie étincelaient au soleil. Nous nous sommes payés chacun un magnifique "banana-split".

J'aurais plein d'anecdotes à vous raconter comme celle-ci, d'événements semblables qui m'arrivent continuellement. Ils se produisent, car j'ai foi. J'ignore comment mon âme se débrouille, mais je sais qu'elle n'attend que ma demande sincère. De mon côté, ces petits miracles au quotidien sont possibles parce que je mets en pratique mes belles théories. Elles ne sont plus des théories pour moi, car par mes résultats quotidiens, elles deviennent des réalités, elles dépassent le cap des mots vides de sens pour devenir solides comme le roc. Faites-le, demandez à votre âme par écrit: "Prouve-moi ton existence, prouve-moi que le hasard n'existe pas, prouve-le moi pour m'aider à grandir!", et vous allez être surpris de vos résultats. Si vous lui demandez, elle va vous prouver son existence.

Mes amis me disent qu'avoir la foi c'est une entourloupette religieuse, que c'est dur et compliqué. Mais tous les jours, nous faisons des actes de foi sans même nous en rendre compte! J'ai foi que demain, il y aura une autre journée puisque j'établis déjà ma liste de rendez-vous pour bien la planifier; j'ai foi que lorsque je tourne la clé dans la serrure de mon chez moi, la porte s'ouvre sans effort; j'ai foi que la lumière va s'allumer quand je place l'interrupteur en position "on". Le travail que me demande mon âme exige d'amener à ma conscience mes actes de foi en brisant mes habitudes limitées.

Je n'ai pas à m'inquiéter, car je sais, avec de plus en plus de conviction, que Dieu prend en charge ma destinée à la condition que j'admette humblement être en évolution continuelle. Je réussis à faire une place à Dieu et à l'amour en mettant de côté mon orgueil, en acceptant d'évoluer au meilleur de mes possibilités, sans me taper sur la tête. Dieu peut alors guider librement ma vie. Jusqu'à ce jour, tout ce qui s'est produit dans ma vie a toujours été pour le mieux. Par mes pensées positives, je ne crée que des événements bénéfiques sur mon chemin. En nourrissant la pensée de Dieu en moi, je concrétise tôt ou tard cette pensée dans ma réalité. En allant puiser dans cette pensée d'amour, je récolte cet amour dans ma vie.

Comment favoriser le contact avec mon âme?

Je commence par créer l'harmonie en moi. À partir de mon harmonie intérieure, je suis en mesure de créer un monde d'harmonie et d'amour autour de moi. Ma puissance jaillit, libérée des peurs et des jugements, pour s'exprimer librement au grand jour. Mon intérieur crée mon extérieur, mon extérieur reflète mon intérieur.

Une manière simple consiste à établir avant tout une trêve avec moi-même afin d'instaurer le calme en moi avant d'entreprendre quoi que ce soit d'autre. Pour ce faire, j'emploie le moyen qui me convient le mieux: la peinture, une marche dans la nature, une méditation, des respirations profondes, un bain relaxant, un massage, de la musique, l'écriture à mon âme, une visualisation créatrice, de l'exercice physique, etc. Je développe mon aptitude à être calme, ouvert, réceptif et rempli d'amour. Ainsi, je peux écouter ma voix intérieure, celle qui me guide doucement, patiemment et avec amour.

Je lui écris pendant au moins cinq minutes par jour. De n'importe quelle façon, il n'y a pas de recette précise pour cela, car la recette varie d'un individu à un autre.

J'ai confiance en mon âme, en mon guide. Pas seulement quand cela me tente, mais aussi lorsque surviennent les difficultés. Le téléphone de l'âme est le fil qui nous relie à Dieu le Père. Quelles que soient les circonstances de la vie dans lesquelles je suis, je fais appel à ma puissance intérieure. Mon âme m'unit à Dieu. Elle m'aide et se charge d'aller chercher l'aide appropriée pour comprendre la cause de mes problèmes ou maladies. Le téléphone de l'âme permet de contacter et de me servir de la puissance divine baignant l'univers. Mon âme, déjà en contact étroit avec le côté invisible des choses, sait comment s'y prendre.

À Noël, nous avions organisé un échange de cadeaux. La seule personne dont je ne voulais pas hériter était Suzanne. Pour chacune des autres personnes, j'avais une excellente idée de cadeau, j'avais déjà tout planifié d'avance. Mais pour elle, j'imaginais cela compliqué. Évidemment, j'ai tiré son nom du chapeau...

Le stress grimpait à mesure que l'échéance approchait. Énervé et fatigué, je me suis assis sur un banc dans le centre commercial et j'ai soudain eu l'idée de demander à mon âme de m'aider. "Bonjour, mon âme. Je te parle à tous les jours, mais j'oublie souvent que par toi, j'exprime Dieu, que par toi, j'ai accès à toute la puissance de l'univers. Aujourd'hui, mon âme, je fais appel à toi. Aide-moi à trouver un cadeau pour Suzanne. Aide-moi à lui dénicher quelque chose qui lui fera plaisir. Merci d'avance."

Apaisé par cette courte prière, je suis retourné me promener dans les allées. Tout à coup, j'ai aperçu un magasin à la vitrine féerique. J'ai souri: je savais que j'étais parvenu au bon endroit. En moins de cinq minutes, mes yeux découvraient avec bonheur une magnifique broche en jade. Dans mon coeur, il n'y avait aucun doute possible, j'étais sûr que ce bijou la séduirait à son tour.

Mon téléphone est toujours avec moi, c'est à moi de le décrocher et d'appeler (sans frais!) Dieu et son infinie bonté.

Être-Faire-Avoir change complètement ma vie. Cette nouvelle pensée conçoit mon univers à partir de ce qu'il y a de meilleur en moi.

Donc, je parle à mon âme en ami et non comme à une personne très lointaine. Je demande mes souhaits en ressentant toute la joie de participer à la réalisation de l'univers de tous et non en quémandant. Je lui parle à coeur ouvert sans la laisser deviner mon désir. Je lui demande sans rien exiger en retour. Je ne demande pas des choses en surveillant si elles arrivent, mais en lui accordant la latitude nécessaire afin d'agir de la façon qu'elle l'entend et quand elle le voudra.

Ma demande est ma responsabilité et reflète mon engagement vis-à-vis de ma vie.

Lorsque je vois une mère ou un père parler doucement et avec patience à son enfant, c'est comme ça que je veux parler avec mon âme.

Lorsque mon professeur m'explique quelque chose et que j'écoute attentivement pour bien tout saisir, c'est comme ça que je veux parler avec mon âme.

Lorsque je vois un ami me partager avec tact et délicatesse les côtés forts que j'ai à entretenir ainsi que les côtés faibles que j'ai à améliorer, c'est comme ça que je veux parler avec mon âme.

L'être, c'est l'harmonie. Quand je suis bien, je suis prêt à entreprendre des projets formidables et enthousiasmants, je me sens d'attaque, gonflé à bloc. Ma confiance grandit et les peurs se font plus discrètes. Cette attitude prédispose à être réceptif aux éventuels résultats.

Mon accident de dos a été causé par une demande mal formulée de ma part. Maintenant, je m'en félicite, car j'aurais encore comme principal souci de calculer mon argent au lieu de donner un sens d'amour profond à ma vie. En apparence, je donne l'impression de me tromper, mais dans le fond, j'apprends de façon différente. Maintenant, j'adore ce que je fais, je suis heureux, j'ai toujours le goût d'apprendre du nouveau, de me dépasser, d'aller travailler. Travailler a pris une dimension, une signification de réalisation personnelle. Voilà le miracle de Être-Faire-Avoir.

Chapitre 3

L'ENGAGEMENT: UNE CLÉ CAPITALE

Être engagé

Engagement. Quel mot dérangeant! L'engagement incommode et intimide. L'engagement a une image contraignante qui m'agace. Je veux obtenir tous les avantages qu'un engagement sérieux et constant me procure, mais en prenant grand soin d'éviter toutes les conséquences qu'il entraîne. Un peu comme le dicton populaire "Tout le monde veut aller au ciel, mais personne ne veut mourir", je suis prêt à bénéficier du côté "rose", mais sans toucher à l'effort à donner.

Pascal me racontait souvent son rêve d'être son propre patron, de gérer ses propres affaires sans avoir à rendre de comptes à qui que ce soit. Mais à son travail, il laissait s'éterniser ses tâches au-delà des délais établis, arrivait en retard quatre fois sur cinq, négligeait de payer ses factures à temps, oubliait des rendez-vous, planifiait mal son temps, etc. Lorsqu'il se décida enfin à tenter l'aventure et à lancer sa propre affaire, personne ne voulut lui faire confiance, ni ses anciens clients, ni la banque. Même son ancien patron lui refusa une lettre de recommandation afin de faciliter l'obtention d'un prêt. Pascal souhaitait être reconnu pour quelqu'un de fiable, mais repoussait constamment l'effort à fournir pour obtenir le respect des gens.

Claude est prêt à quitter sa conjointe, mais non à sacrifier son confort matériel. Julie est prête à vivre dans une belle maison respirant la propreté, mais faire le ménage régulièrement ne l'intéresse pas. Sylvain est toujours prêt à critiquer son patron, mais recule devant l'éventualité de lui dire franchement ce qu'il vit. Lorraine désire une vie simple et harmonieuse, mais évite de se voir telle qu'elle est. Caroline est fatiguée de vivre de la culpabilité, mais elle aime mieux se cacher ses émotions en faisant semblant qu'elles n'existent pas.

J'hésite à poser les gestes nécessaires pour changer ma vie par peur des réactions éventuelles, mais je continue à en espérer une amélioration spectaculaire.

M'engager signifie, soit me lier à quelqu'un de façon à investir le meilleur de moi-même dans ce lien, soit me lier à un projet de façon à tout faire pour le mener à terme. M'engager signifie tenir ma parole.

À plusieurs occasions, je me croyais engagé dans une relation ou dans un projet. Je me racontais des histoires. Parler avec enthousiasme de quelqu'un ou d'un rêve n'implique pas le fait d'être engagé. Mes gestes sont les seules preuves de mon engagement.

Vers la fin de ma relation amoureuse avec mon ex-fiancée, j'assistais, impuissant, à la débâcle de notre couple. Nous nous éloignions l'un de l'autre de semaine en semaine, sans que je ne sache quoi faire ou quoi dire: je restais paralysé par mes peurs. Nous avions tenté de parler ensemble du malaise qui planait, mais en vain. Aucun de nous deux, n'étaient prêts à franchir le fossé nous séparant, afin d'avancer à la rencontre de l'autre. Nous voulions imposer notre point de vue sous des apparences d'écoute sincère. Quand, timidement, je tentais de parler, de franchir l'espace nous séparant, j'espérais au fond de moi, que ce soit elle qui ait à changer. J'espérais que tout se replace sans m'impliquer à fond, sans faire le moindre effort. J'espérais un miracle qui sauverait notre couple, miracle provenant uniquement de l'extérieur, des gens, d'amis, d'un peu tout le monde, sauf de moi.

Je ne comprenais pas que toute action provoque un mouvement et que toute action positive apporte tôt ou tard, une récolte de résultats gagnants pour moi.

L'engagement dépasse la fatalité. Attendre que mon destin s'accomplisse manifeste une peur d'aller de l'avant. Mon destin, je le façonne selon la vision de mes rêves. Mes réalisations sont le reflet de mon engagement.

Cette relation m'a procuré le coup de fouet nécessaire à une transformation plus profonde de ma pensée. En faisant le tour de celle-ci et en observant mes comportements, l'évidence s'est imposée à mes yeux au fil des jours. Je reculais devant l'engagement de ma vie. Puisque la vie ainsi que mes parents m'avaient toujours donné "tout cuit dans le bec" jusqu'à ce moment-là, j'attendais naïvement que les autres continuent le même schéma. Jamais je n'avais envisagé une bonne raison de changer le modèle reçu.

Les "épreuves" et l'abondance des différents messages de mon âme ont nourri la force de la lumière pour qu'enfin je puisse la voir. C'est pourquoi ma vision des "épreuves" de la vie a totalement changé. Elles sont des occasions de réveils. Ma séparation a provoqué un réveil, de même que mon accident sur le chantier de construction et ma mononucléose. Les "épreuves" perdent leur apparente dureté et deviennent merveilleuses quand je saisis leur enseignement.

J'ai traversé une période où je ne ressentais plus

aucune joie ni aucun intérêt, face à mon travail à l'hôpital. J'en parlais à tout le monde, essayant de me faire plaindre et de justifier inconsciemment mon attitude molle et sans énergie, ma paresse. Ma paresse? Oui. Celle de participer à une situation dans laquelle je ne suis pas heureux et de ne rien faire concrètement pour la transformer.

Au lieu de gaspiller mon énergie à faire pitié et à me plaindre, il existait une multitude de solutions: rencontrer mon patron afin d'examiner s'il n'aurait pas une alternative plus stimulante à me proposer, poser ma candidature à un autre poste, envoyer des curriculum vitae à d'autres entreprises, fonder ma propre entreprise, faire un voyage pour me retrouver, etc. Malgré les solutions disponibles, je préférais craintivement garder mes acquis. La peur des changements d'habitudes effrayait mon mental. Je n'étais pas engagé dans ma vie, je la subissais en repoussant constamment l'effort à fournir pour me dépêtrer de mes problèmes. Je préférais la voie de la facilité, celle de me plaindre, au lieu de passer à l'action, d'être engagé à fond dans ma vie.

Être engagé demandait de ma part un risque à prendre, et ce risque, je ne sais jamais précisément ce qu'il peut provoquer comme bouleversement. Mon mental, poussé par mon insécurité et mon manque de confiance, ne peut contrôler à son gré toute la portée et les implications du risque pris.

Aujourd'hui, j'apprends à suivre mon coeur et à réaliser moi-même mes rêves sans attendre un signe extérieur quelconque. Bien au contraire, je provoque ce signe par mon premier pas vers mon but. J'apprends à fournir l'effort de plus, effort qui me permet d'aller plus loin. Cet effort, je l'appelle tout simplement, mon kilomètre de plus. C'est lui qui construit ma route vers mon bonheur jour après jour. C'est lui le moteur de ma réussite. Là où les autres préfèrent s'asseoir pour dire "OK! J'en ai fait assez, je ne peux pas en faire plus", mon kilomètre de plus me pousse à vérifier si je ne peux pas aller un petit peu plus loin et dépasser mes limites présentes. Par mon action, par ma pensée, par mon engagement à vivre un bonheur et un amour toujours en croissance constante, j'apprends à donner, à investir une plus grande part de moi-même dans tout ce que je fais.

Parfois, lorsque je suis fatigué, je me ressaisis. Nancy allaite Nicolas le jour comme la nuit. Je n'ai pas toujours le désir spontané de l'aider la nuit pour changer une couche, pour endormir ou bercer un des enfants qui est malade, mais mon amour pour elle et mes enfants me ramène toujours à en faire un peu plus. Je me lève et partage ces moments avec elle. Et je le fais avec plaisir.

Cet engagement sans équivoque vis-à-vis de ceux que j'aime me libère de mon petit monde égoïste. Ce monde est ma création. Pour me protéger, pour avoir raison, pour éviter de me remettre en question, je me suis bâti un monde sur mesure, dans lequel je vivais depuis longtemps. Trop habitué à une vision rétrécie de la vie, j'oublie trop souvent de dépasser les barrières que je me suis données pour me sécuriser, afin de m'ouvrir également aux besoins des autres et à leur amour. Avant, mes désirs et mes besoins primaient sur tout, jusqu'à les imposer quelquefois de façon inflexible et sans amour.

Parce que j'étais trop centré sur mes propres besoins, ma conjointe a longtemps subi les effets de mon comportement insensibilisant. Pendant le dîner, j'allais manger devant la télévision, la laissant seule; au déjeuner, je lisais mon journal sans lui porter attention; j'allais jouer au ballon-balai avec mes amis le dimanche après-midi en lui annonçant à la dernière seconde; je rentrais à minuit sans l'avoir prévenu de mon absence prolongée; etc. Maintenant, je donne l'importance à mon engagement, à ce que je construis jour après jour, soit avec ma conjointe ou autrement, plutôt qu'à mes côtés paresseux et "enfant gâté".

Par mon engagement, je trouve des solutions à des problèmes qui m'auraient découragé avant. La maison d'édition se veut un instrument pour transmettre un message de paix et d'amour partout sur notre belle planète, c'est pourquoi je me donne à fond dans ce travail. J'ai donc décidé d'éditer, en langue anglaise et en langue française, le livre "Ami, l'enfant des étoiles", ainsi que tous les ouvrages de monsieur Enrique Barrios. Pour ce faire, trouver différentes sources de financement pour leur publication ne fut pas toujours facile. Les banques suivent une logique simple: financer une livre de beurre reste un investissement plus sûr qu'un livre de papier, car le beurre, même si son prix varie, se vend toujours, tandis que le livre reste soumis au goût, beaucoup moins contrôlé, du public. Suite à l'attitude sceptique des banques, j'ai cherché autour de moi, pour m'appuyer dans ma décision d'éditer ces livres extraordinaires, des gens partageant le même émerveillement que moi face à ces ouvrages remplis d'amour et de simplicité. Et j'ai trouvé.

Avant, j'essayais de me défiler face à mes responsabilités en repoussant ce que j'avais à faire.

J'essayais de me fermer les yeux et les oreilles, de reculer les échéances, d'ignorer les pas à réaliser afin de régler mes choses et de mettre de l'ordre dans ma vie. Le kilomètre de plus a changé ma vie.

L'engagement, c'est d'aller au bout de ma décision et puis de choisir à nouveau s'il le faut, mais pas avant d'y avoir été à fond. Voilà quelques mois, j'ai appris un nouveau logiciel de comptabilité. Durant deux semaines j'ai étudié ses possibilités, monté des graphiques, expérimenté sa maniabilité, etc. Au bout de ce temps, la conclusion s'est imposée d'elle-même: ce logiciel ne convenait pas à mes besoins. Alors je suis retourné avec celui que j'avais. Mon engagement m'a conduit à étudier à fond ce logiciel pour acquérir un jugement clair et ainsi disposer du meilleur outil de travail possible.

En écoutant la voix de la paresse, je l'aurais examiné hâtivement afin d'en arriver précipitamment à une décision sans prendre conscience de toutes ses implications. En allant au bout, cela me permet d'avoir une meilleure vision de l'informatique et une facilité encore plus grande à me retrouver dans ce monde complexe et diversifié. Plus j'étudie en informatique, plus cela devient facile pour moi. Plus je comprends les choses et leurs liens entre elles, plus ma vie se simplifie.

Si je n'étais pas engagé, la moindre critique sur mon livre me ferait douter et reculer, au point d'arrêter d'écrire. Mon engagement est un gage de succès dans ma vie.

L'engagement signifie aussi ne pas entrer dans le jeu des autres. Mon engagement est avant tout envers moi, pas envers les autres. Je fais les choses pour moi. À tous les matins, je me rends au casier postal chercher mon courrier et à tous les matins, la personne qui s'occupe de ce bureau affiche un superbe air bête. Pourtant, malgré son sourire éteint, je lui souhaite le bonjour et lui demande si sa journée se déroule bien aujourd'hui. Elle ne me répond pas et continue son travail. Un matin où elle m'avait donné des explications sur les différents tarifs postaux, je l'ai remerciée aussi simplement qu'à chaque occasion: "Merci. J'espère que vous allez passer une bonne journée!" Cette fois-ci, sa réaction fut différente, elle m'a finalement regardé, mais avec un air étonné. Au lieu de céder à la tentation de me venger, j'ai préféré atteindre un autre objectif, celui d'obtenir un sourire de sa part. J'ai envoyé mes préjugés à la poubelle et je suis allé au-devant d'elle. J'ai fait le premier pas, plutôt que d'attendre interminablement un signe d'ouverture de sa part. Je me suis amusé tout en repoussant les limites de mes jugements. Enfin, un jour, j'y ai gagné un sourire! Maintenant, sans se raconter nos vies dans le détail, nous échangeons quelques mots amicaux. Nos rapports sont plus cordiaux et harmonieux.

Durant un atelier avec des adolescents, ces derniers se sont amusés à juger leurs professeurs. Il y avait plus de professeurs non aimés que d'aimés.

- Pourquoi n'aimez-vous pas ces professeurs?

- Ils sont trop sévères, ils ne sont pas satisfaits des efforts que je fais, ils sont vieux (!), ils sont endormants, etc.

- Si je comprends bien, vous me dites que si les cours

sont ennuyants, c'est uniquement la faute de ces professeurs.

- Évidemment.

- Et vous de votre côté, vous ne pouvez rien faire pour rendre les cours plus intéressants?

- Bof! Peut-être, mais ce n'est pas notre travail!

Ma vie m'appartient, la subir n'arrange rien et me démotive. Mon engagement personnel m'a appris que c'est l'intérêt que je porte à mes gestes et à ce que je suis prêt à donner qui fait la différence. Mon effort personnel transforme une situation déplaisante ou ennuyeuse en un moment enrichissant et amusant. Mes études, mon emploi et toutes mes journées deviennent captivants par l'intérêt que je désire leur porter.

J'ai travaillé onze ans dans un hôpital. Durant cette période, j'ai occupé plusieurs titres d'emplois, de laveur de vaisselle (aide en alimentation) à préposé aux ascenseurs en passant par préposé aux bénéficiaires. Il est très facile de dévaloriser ce type de travail et d'en garder uniquement une idée démotivante. Cela demande un dépassement de vivre ces emplois, en y retirant une foule d'enseignements précieux sur moi.

Ces emplois m'ont fait travailler profondément mon orgueil. Entré avec l'intention bien arrêtée de payer mes études et de quitter ensuite, j'ai hanté les couloirs de l'hôpital durant onze ans, le temps d'obtenir un baccalauréat en sciences biologiques, un certificat en études littéraires françaises, un brevet de pilote d'avion et un cours afin de devenir enseignant au secondaire.

Au début, si mon orgueil a subi toutes sortes de chocs, mes divers emplois m'ont apporté davantage une fois que j'ai réussi à le faire taire. Mes emplois furent des sources d'expériences enrichissantes. J'ai appris à mettre de côté les nombreux ragots qui circulent sur tous et chacun et à vérifier au lieu de juger. En travaillant dans un ascenseur durant toute une journée, j'ai appris à créer des liens avec les gens en quelques secondes. En accueillant des centaines de personnes différentes en tant que portier, j'ai appris à ne pas laisser la mauvaise humeur des autres me distraire de ma bonne humeur, à ne pas me laisser influencer négativement. Peu importe les résultats, je prends un malin plaisir à sourire à tout le monde, surtout aux enfants. Les résultats sont extraordinaires, les gens s'ouvrent. J'ai appris à poser des gestes d'amour dans l'expression simple de mon quotidien. J'ai appris à rire et à faire rire par mes nombreuses blagues. J'ai appris à apprivoiser la peur de m'exprimer et à dire les choses ouvertement. J'ai appris à me placer au même niveau que les gens qui m'impressionnaient, comme les médecins par exemple, sans les placer sur un piédestal encombrant.

Parfois, je m'amusais comme un gamin à faire le clown. Dans l'ascenseur, je fermais la première porte grillagée et j'imitais le type d'employé malheureux et jamais satisfait, condamné à venir travailler toute sa vie, je dansais du "rap", j'imitais sans méchanceté les tics de certains, je racontais la même blague à tout le monde durant toute la journée et le lendemain je repartais de plus belle avec une autre, je ne cessais d'inventer de nouvelles façons de mettre de la joie et de la bonne humeur dans mon travail.

Malgré les apparences peu invitantes quelquefois du

travail, mon engagement personnel a su transformer mon implication et ma façon de le vivre. Mon travail, c'est moi qui l'ai rendu intéressant, qui lui ai donné une valeur.

L'engagement signifie me servir de toutes les circonstances de ma vie pour approfondir l'amour d'une autre façon. Mes amours, mes différents emplois auprès des malades à l'hôpital, auprès des victimes d'abus sexuels au centre d'hébergement et auprès des jeunes dans un camp de vacances, mes hontes, mes joies, toutes ces situations de ma vie me fournissent en quantité phénoménale des exemples de vie où mon engagement fait la différence.

Je me souviens d'une fois où j'ai eu particulièrement honte. Inscrit à une compétition de natation se déroulant à la piscine du quartier, je voulais impressionner la fille pour qui mon coeur battait. Prétentieux et insouciant, j'avais complètement négligé de m'entraîner, pensant m'en tirer haut la main. À douze ans, je me croyais "Superman". En fait, je n'étais même pas en mesure de faire deux longueurs de piscine! Pendant la compétition, on a dû me sortir de l'eau, car j'étais carrément en train de me noyer!

J'aurais pu en garder un souvenir affreusement humiliant et tenter de l'oublier au plus vite, mais au contraire, ma mésaventure m'a servi à comprendre que, sans préparation adéquate, je m'expose à en payer durement le prix. Aujourd'hui, je comprends clairement que mon engagement faisait totalement défaut dans mes cours et dans mon entraînement. Je n'ai récolté que les conséquences de mon manque d'engagement. Toute situation me donne la chance de recueillir un enseignement et de le prendre pour ce qu'il est, une occasion unique d'apprentissage.

Alors, inutile d'ajouter un sentiment de culpabilité de plus, car je suis en train d'apprendre.

Au cycle primaire, jamais je ne me suis senti coupable de ne pas savoir lire et écrire le premier jour de l'école. Bien au contraire, j'allais enfin à l'école pour apprendre tous ces mystères que les adultes prenaient pour acquis. C'est la même chose avec ma vie, je suis en évolution constante. Inutile alors de me taper sur la tête et de me dire que je ne suis pas encore assez bon. C'est franchement illogique et cela m'enferme dans une prison constituée de mes pensées limitées.

Mon engagement m'amène à comprendre que rien n'arrive pour rien dans ma vie. Le souvenir de la fabrication des meubles de mon bureau de travail me le rappelle à chaque fois. Peu habitué à travailler le bois, je m'étais maladroitement infligé une brûlure au bras. La journée suivante, dans un coin de paradis à Labelle où je donnais l'atelier "La Prospérité en Soi", une "mouche à chevreuil" a profité de ma blessure non cicatrisée pour piquer en plein dedans. Plus le temps passait, plus la plaie devenait rouge et infectée. Le dimanche soir, après l'atelier, ayant enfin décidé de me rendre à l'hôpital, j'ai eu toute une surprise. Le personnel infirmier, soudain alerté par mon état, a pris ma pression précipitamment, a commencé à courir dans tous les sens et m'a donné deux solutés en quinze minutes. Ils m'ont expliqué, le plus délicatement possible, que j'étais en train de mourir, la veine du coeur étant atteinte par l'infection.

Incapable de dormir, je songeais à cette mort qui rôdait autour de moi en me disant qu'elle pouvait bien venir, je ne souffrais pas! Près de moi, les gémissements de mon compagnon d'infortune attaché à sa civière me parvenaient de temps en temps. Victime des excès d'une mauvaise alimentation, il en payait aujourd'hui le prix. Son triste état me mit très mal à l'aise. Je le regardais et je me disais que je pourrais bien être à sa place un jour si je m'entêtais moi aussi à me gaver de mauvaise nourriture. J'avais devant les yeux la conséquence possible de mon entêtement dans cette voie. Plus tard, une autre personne provenant des soins intensifs s'est jointe à nous dans la chambre. Elle prenait une pompe pour l'aider à respirer et dès qu'elle allait un peu mieux, elle fumait une cigarette en cachette. Fumant encore régulièrement mon paquet de cigarettes par jour, je me suis aussi reconnu en elle. L'effet du miroir était encore une fois saisissant et efficace.

À travers mes ateliers, j'enseignais aux gens de se prendre en main et moi de mon côté, je continuais à fumer et à mal me nourrir. Ce séjour, près de gens malades et peu enclins à l'idée de vouloir s'aider, m'a vraiment démontré qu'il était plus que temps de mettre en pratique à 100% mes belles paroles et non à 39% ou à 93%. Le temps de vivre à la hauteur de mes pensées de prospérité, d'intégrité et d'amour, de faire l'effort en conséquence était venu. Pas un effort seulement pour calmer ma conscience, mais un effort qui changerait en profondeur ma vie pour le merveilleux.

Certes, je faisais de petites choses ici et là pour améliorer ma condition, mais j'oubliais que la santé physique et mentale est un tout. L'exercice physique, une bonne alimentation et une pensée positive remplie d'amour, forment une formule gagnante pour rester mince et en santé. Que j'astique fort mon auto pour qu'elle brille de tous ses feux au soleil, que je lui fournisse un entretien complet à tous les mille kilomètres et que j'installe les meilleures pièces sur le marché, si je remplis le réservoir d'essence avec de l'eau, mon auto n'avancera pas. La vie m'envoyait un enseignement clair afin de cesser de traiter mon corps comme une poubelle et de me prendre en main.

J'ai dit adieu à la cigarette peu de temps après. Le message avait touché mon coeur et je comprenais maintenant l'absurdité de mon comportement. Pas besoin d'un message plus frappant tel un cancer pour ouvrir ma conscience. Le personnel infirmier souhaitait me garder à l'hôpital, mais parce que j'avais saisi l'enseignement caché de ma situation, deux jours plus tard je leur faisais mes adieux. Dès que j'ouvre ma conscience, l'événement me conduisant à ma prise de conscience n'a plus sa raison d'être. Je m'en affranchis et passe à autre chose. Si la situation persiste, c'est qu'il me reste à découvrir encore quelques cadeaux sur ce chemin.

Pour poursuivre mon histoire de blessure, de retour à la maison, je me coupe en changeant le lavabo de ma salle de bain. L'infection reprend aussitôt. À l'hôpital, le personnel infirmier m'avait informé sur le risque d'une plus grande sensibilité face aux anticorps pour une certaine période de temps. Alors, me sachant plus fragile, au lieu de me tourmenter de questions au sujet de la qualité de mes pensées, je suis allé voir immédiatement le médecin. Sans attendre, il m'a prescrit les médicaments appropriés. Connaissant déjà les effets de ma négligence, j'ai nettoyé le foyer d'infection et le tout fut stoppé net sans autre conséquence. Je ne cherche pas à tout moment des problèmes en me tapant sur la tête, mais lorsque j'en vois un, je ne le cache pas sous le tapis. J'évite le piège de tout vouloir comprendre instantanément et d'accumuler par mon "imperfection" une culpabilité écrasante.

Les choses surviennent au moment approprié. Empli de cette connaissance, il ne me sert à rien de forcer les événements pour que tout se déroule comme je l'ai imaginé dans ma tête. Je demande à ma puissance intérieure des messages clairs pour m'aider à acquérir du discernement. Par l'humilité, j'ouvre la porte aux possibilités de mon âme. Durant mes ateliers, je me servais d'un lutrin en métal, un peu rouillé et trop instable pour le poids de mon cartable. Un participant nous a offert un splendide lutrin en bois vraiment solide. Tout m'arrive ainsi dans la vie, comme des cadeaux.

Pourquoi m'engager à fond? Pourquoi ne pas me laisser flotter sur l'eau en me laissant pousser par la vie? Parce que cela transforme ma vie en source de satisfaction, de joie et de beauté. Parce que je me libère de la prison bâtie brique après brique par mes émotions perturbantes se répétant sans cesse.

Avant, il m'arrivait assez souvent d'être impatient, mais mon engagement à me voir tel que je suis a désamorcé ce comportement avec le temps. J'en récolte aujourd'hui les dividendes. Un jour, ma conjointe s'est emportée, sous un prétexte futile, envers ma fille. Spectateur involontaire de l'incident, un déclic s'est produit en moi. Le manque d'amour flagrant du geste de ma conjointe m'est apparu clairement et le mien également, dans mon propre quotidien. Aucun prétexte ne peut justifier l'agressivité et la violence envers quelqu'un d'autre. La violence est antiamour. Essayer d'arranger les choses par un geste brusque ou de me faire comprendre en m'emportant ne mènent pas à un résultat exprimant l'amour.

Cette scène a eu un impact profond sur moi, je me suis revu agir de la sorte il y a quelques années. Si je ressemblais à cela lorsque j'étais en réaction, je pouvais bien faire peur et repousser les gens que j'aimais autour de moi. J'ai vu que la colère était de la souffrance, mais aussi une façon d'avoir du pouvoir sur l'autre. Ma fille était déboussolée par la force de la réaction et commençait à se sentir coupable simplement par le fait de penser "J'ai dû faire quelque chose de vraiment pas gentil pour mériter pareil emportement." Elle n'avait rien fait de vraiment spécial, mais sous l'accumulation de paroles retenues chez ma conjointe, ma fille aurait pu dire ou faire n'importe quoi, il y aurait quand même eu explosion. Ma fille n'était qu'un prétexte, qu'un déclencheur.

L'engagement vis-à-vis moi-même m'a permis de voir et de corriger mes propres emportements. En me retrouvant spectateur dans la situation, j'ai vu tout le changement opéré en moi depuis le début de mon cheminement vers la lumière de l'amour. Au lieu d'entrer dans le jeu, j'observais et je ne me sentais pas concerné par le flot d'émotions qui se dégageaient de la scène. Je comprenais parfaitement que cela se passait entre eux deux et que mon propre enseignement résidait dans cette compréhension des choses. Ces émotions appartenaient à ma fille et à ma conjointe et non à moi. Malgré mes liens affectifs avec elles, je me sentais libre et dégagé de ce qui se vivait. Le cadeau précieux de cette situation était le fait de prendre conscience du calme qui m'habitait plutôt que le flot habituel d'émotions mal vécues. Par ma persévérance, j'étais maintenant en mesure de vivre en harmonie des scènes qui, avant, auraient provoqué de l'agressivité en moi.

Il n'y a que moi en mesure de transformer ma propre vie. Pour agir dans ce sens, l'âge n'a aucune espèce d'importance. Bien sûr, une habitude ancrée depuis quatre-vingt ans se déloge plus difficilement qu'une habitude acquise depuis seulement deux ans, mais il n'est jamais trop tard pour entreprendre quelque chose. Tout ne dépend que du type de pensée que j'entretiens.

Pourquoi s'engager à fond dans ma vie? Parce que souvent en laissant le soin aux autres de décider à ma place, je m'expose à ne pas aimer du tout leurs choix. Me laisser pousser par la vie sans me prendre en main m'attire des conséquences désagréables, reflétant ma peur et mon manque d'engagement. L'effet boomerang est aussi puissant dans mes engagements que dans tous les domaines de ma vie.

Pour faire plaisir à mes parents, j'ai orienté mes études vers un domaine où je comptais obtenir un travail bien rémunéré. Malgré mes tendances plus artistiques et même théâtrales, j'ai choisi d'écouter le choix de quelqu'un d'autre et de placer l'argent en priorité. Mais après l'obtention de mon diplôme en biologie, l'intérêt est soudainement tombé. J'ai pris conscience que je ne suivais pas ma voie par crainte de décevoir mes parents. Pendant toutes ces années, j'avais été malheureux parce que je sentais de plus en plus clairement que je me dirigeais vers un cul-de-sac. La biologie m'intéressait, mais pas au point d'en vivre. J'avais sacrifié mes rêves pour préférer avoir un travail m'assurant un bon revenu et je me retrouvais coincé dans une routine qui ne me rejoignait plus.

Alors petit à petit, j'ai commencé à me rapprocher de ce que je voulais faire, j'ai commencé à écouter ma voix, celle qui me guidait depuis toujours, celle qui m'avait toujours prévenu que le chemin des autres ne m'appartenait pas. La littérature française, l'enseignement de la biologie, les avions se sont succédés jusqu'au jour où je me suis retrouvé au point de départ: qu'est-ce qui m'intéresse, qu'est-ce qui me fait vibrer? Ce n'est qu'à ce moment que j'ai contacté mon but, ma raison de vivre. Enseigner et répandre l'amour, c'est ça qui me fait vibrer, qui touche mon âme. Mon engagement dans la réalisation de mes rêves m'a conduit à découvrir ma raison de vivre. Lorsque j'ai trouvé ma raison de vivre, j'ai également trouvé la paix intérieure. En hésitant toute ma vie, j'aurais vécu une torture continuelle, je me serais demandé à quoi pouvaient bien rimer la vie et tous ses malheurs. En suivant ma voie, toutes mes questions ne cessent de récolter des réponses qui me calment, me rassurent et me dirigent sur des chemins d'amour que je n'imaginais même pas auparavant.

Mon engagement me donne aussi beaucoup plus d'énergie pour réaliser mes projets. À "La Ronde", un parc d'amusement, j'ai rencontré une dame énorme. Sans juger cette dame, juste de constater son poids important m'a ramené à moi. Mon message personnel était lumineux: je négligeais mon corps ces derniers temps, je mangeais beaucoup de chocolat et de croustilles et ne faisais plus d'exercice. Mon message de l'hôpital avec ma blessure était déjà loin tout à coup. En prenant conscience de mon comportement, celui de tomber dans la facilité plutôt que de prendre soin de moi, j'ai vu que mon estime de moi était en baisse. M'allouer du temps pour de l'exercice physique exigeait de moi un effort. Mais en saisissant avec mon coeur les conséquences possibles de ma négligence, je ne ressens plus la lourdeur qui m'habitait auparavant, quand je voyais l'heure des exercices arriver. J'éprouve maintenant beaucoup de plaisir à faire mes exercices physiques.

De plus en plus, je vis les bienfaits de prendre soin de mon corps autant que de mes affaires financières ou amoureuses. M'auriez-vous vu donner des cours en claironnant haut et fort: "Il faut se prendre en main!", alors que j'afficherais un impressionnant tour de taille? Cela ne ferait pas tellement sérieux. Cela ressemblerait à une publicité remplie de fautes d'orthographe et de grammaire me vantant des services de correction de texte. Je n'aurais pas le goût de m'associer avec une telle entreprise. En regardant cette dame à "La Ronde", je prends la leçon pour moi, un peu comme je l'avais fait avec les gens malades de l'hôpital. Si dans ma vie, je décide de prôner certaines valeurs, la conséquence logique est de les vivre. Encore une fois, seuls les gestes comptent, les paroles s'envolant avec le vent.

Parce que je suis engagé dans ma vie, mieux manger et faire de l'exercice ne deviennent plus des montagnes, mais des choses normales à faire. Le tiraillement perpétuel entre garder une taille avec laquelle je me sens bien, mieux manger et faire de l'exercice a fait place à une harmonie nouvelle en moi. La vie et mes émotions se sont simplifiées. Mes nouvelles habitudes de vie saine viennent de plus en plus naturellement, sans forcer. Toute l'énergie dépensée à me battre contre moi-même est désormais employée à des projets plus constructifs et plus épanouissants.

C'est la même logique face à toutes les "bonnes raisons" de ne pas passer à l'action. Adolescent, je remettais toujours en cause le bien-fondé de mes gestes. Je me demandais toujours si je devais ou non faire ceci ou cela, si c'était correct ou non. S'il fallait d'abord répondre à toutes les objections possibles, jamais je ne bougerais de ma place. Si je devais être absolument sûr de ma réussite, absolument certain que mon choix soit vraiment le bon avant d'entreprendre quelque chose, j'attendrais encore.

Certains font du "camping" toute leur vie, ils sont dans l'attente (la "tente"). Ils se font un petit feu et attendent. Ils attendent que la vie leur apporte quelque chose, mais quoi, ils ne le savent pas eux-mêmes.

En tant que mari, je ne peux attendre que Nancy m'aime plus demain: c'est à moi de nourrir notre amour aujourd'hui. En tant que père de Thierry et de Nicolas, je ne peux attendre qu'ils aient dix-huit ans pour entreprendre leur éducation: c'est maintenant et à tous les jours que je dois agir.

Si j'avais attendu qu'un éditeur distribue mes premières cartes, "l'Art de s'Apprivoiser", mon feu au camping serait éteint depuis longtemps. Si j'avais attendu qu'un éditeur publie mon livre "Les yeux de l'intérieur, mes yeux d'enfant" pour manger, je serais mort de faim. J'ai envoyé mon livre à travers le monde en espérant l'impossible, une réponse positive. Pour toute réponse, j'avais de belles lettres qui disaient: "Il est très bon, mais vous devriez travailler ceci et cela. Dans un an ou deux, nous serions heureux de reconsidérer votre manuscrit, mais pour l'instant, nous sommes dans l'impossibilité de le publier." Je n'ai jamais aimé les mots de la même famille que "impossible". Alors j'ai retravaillé le manuscrit avec Jean-François et je l'ai publié par mes propres moyens.

Certains éditeurs reçoivent jusqu'à mille manuscrits par année. Sur ce nombre, seulement une cinquantaine auront la chance d'être retenus pour une première sélection. Le nombre publié final peut tomber à cinq. Raison de plus pour passer à l'action plutôt que d'attendre. Il n'y a pas de problèmes, uniquement des solutions. Si je ne parviens pas à trouver un éditeur, je m'édite. J'ai édité les cartes "l'Art de s'Apprivoiser", en français comme en anglais. Elles sont maintenant d'un océan à l'autre et s'apprêtent à faire le grand saut aux États-Unis.

Suis-je prêt à me prendre en main? Est-ce que je crois à mes rêves au point de tout faire pour les réaliser? Je n'attends pas que la vie m'apporte quelque chose de vague, je crée ma chance et prends ma vie en main. Passer à l'action m'a apporté des résultats dépassant mes plus folles prévisions: "Les yeux de l'intérieur, mes yeux d'enfant" est traduit en anglais et est en vente jusqu'en Australie.

Quand je m'engage, j'y vais jusqu'au bout, j'expérimente à fond. Tenter d'exécuter les choses à moitié freine mon accès à l'enseignement. Ce n'est pas en étant présent à un ou deux cours sur quinze que je suis en mesure d'aller chercher en profondeur l'essence du cours. Oser aller au bout me fait grandir. Mes enfants me font grandir, mon entreprise me fait grandir, mes cours me font grandir.

Tout me fait grandir, tout le temps, car je suis prêt à recevoir les messages au lieu de résister.

Cette attitude libère ma source inépuisable d'énergie. Les tâches qui prenaient toute mon énergie, me laissant épuisé, me semblent un jeu maintenant. Par mon engagement, j'abats maintenant plus de travail qu'auparavant en me sentant beaucoup plus en forme et détendu. Je ne perds plus de temps ni d'énergie à hésiter, à tenter de me convaincre ou à essayer de reculer. Je canalise mon énergie dans un sens précis et gratifiant.

Il y a des moyens très concrets pour arriver à se connaître, pour arriver à briser ses barrières. Mais il faut être prêt à faire des efforts d'abord et avant tout. Aussi paradoxal que cela puisse paraître, cela demande un effort de s'aimer sans réserve et sans condition. Nous sommes ici sur cette terre pour réapprendre à nous aimer sans nous juger, à nous aimer tel que nous sommes. Et comme pour n'importe quel but poursuivi, j'y mets toujours mon coeur. En adoptant cette attitude, le côté "pesant" de l'effort s'efface pour laisser le plaisir s'infiltrer.

Ma participation comme membre de l'équipe inter collégiale de volley-ball représente une étape clé dans mon épanouissement personnel. Je ne savais pas du tout jouer au volley-ball et malgré cela, je me suis taillé une place au sein de l'équipe.

Je n'avais touché à un ballon de volley-ball qu'à de rares occasions durant mon cours secondaire. Néanmoins, je trouvais ce jeu fascinant et je me disais: "J'ai le physique de l'emploi: de longues jambes avec du ressort, une bonne grandeur et surtout le goût." À la première pratique, les anciens, aguerris et spectaculaires dans leur jeu, nous en ont mis plein la vue. Découragé devant tant d'adresse et de savoir-faire, j'ai "oublié" de me présenter aux pratiques suivantes.

L'année suivante, j'y suis retourné: je voulais faire partie de la sélection et j'allais tout tenter dans ce sens. Bien sûr, j'étais encore aussi mauvais et personne ne m'accordait la moindre chance. Certains joueurs issus du secondaire avec l'expérience de la compétition affichaient avec vanité et arrogance leur talent. Mais ma détermination et mon coeur à l'ouvrage, ma bonne humeur et mon goût intense d'apprendre ont impressionné l'instructeur. En aucun moment, je n'ai relâché mes efforts et mes encouragements envers mes coéquipiers durant les pratiques. Je donnais sans répit le meilleur de moi-même. Même si les pratiques étaient axées sur le conditionnement physique durant les premiers mois, le plaisir d'être là ne m'a jamais quitté. J'avais énormément de plaisir, même en poussant mon corps au maximum, chose qui, grand paresseux de nature, ne m'avait jamais vraiment attiré.

De septembre à décembre, j'ai réchauffé le banc durant les parties inter collégiales. Puis, de janvier à la fin de la saison, j'ai joué pendant que les prétentieux de septembre réchauffaient à leur tour le banc avec irritation. Les prétentieux sont ceux qui, satisfaits de leur talent en partie développé, paradent devant le nez des spectateurs en exhibant leur habileté, mais qui ne se forcent pas durant les pratiques, se croyant déjà arrivés quelque part.

J'ai retiré trois leçons majeures de mon volley-ball. Assis sur le banc durant les parties, au lieu de bouder, je savais que j'étais en train d'apprendre. Une étape à la fois, comme dans ma vie de tous les jours, comme à l'école. Une étape bien accomplie vaut mieux que quatre, trop vite exécutées, demandant à être reprises. Je peux aussi avoir tout le talent du monde, si je ne le développe pas, il y aura toujours quelqu'un qui fera fructifier le sien et qui prendra tôt ou tard la place que je croyais m'être due. Enfin, quand je m'amuse, aucun effort ne me fait reculer.

Personne ne peut le faire à ma place. À chaque fois que je décide d'aller plus loin, c'est moi qui ose et non pas le voisin. J'apprécie de plus en plus, jour après jour, réaliser mon kilomètre de plus. Bien sûr, au début, je ne comprenais rien dans cette attitude, j'avais l'impression que ceux qui le vivaient étaient un peu masochistes. Je ne trouvais rien de plaisant à fournir un effort, surtout lorsque j'étais étendu sur mon divan en train d'écouter la télévision. Mais je ne pouvais m'empêcher de ressentir, en regardant ceux qui prenaient plaisir à le faire, une envie irrésistible de récolter moi aussi tout le bonheur et les réalisations qu'ils recueillaient dans leur vie.

Le kilomètre de plus change ma vie, tandis qu'avec le kilomètre de moins, je reste tel quel, dans mes problèmes et dans mes insatisfactions. Un kilomètre peut signifier aller à pied au dépanneur plutôt qu'en voiture, garder l'amour au centre de mes pensées face à quelqu'un d'agaçant, écouter au lieu de vouloir donner mon avis à tout prix, choisir une carotte plutôt qu'une barre de chocolat, dépasser les exigences de mon travail au lieu de me borner à ma tâche uniquement, raconter une histoire à ma fille à son coucher au lieu de déguerpir devant la télévision au plus vite, etc.

Mon copain André et moi avons appris à jouer de la

guitare ensemble. Une semaine plus tard, André jouait déjà une mélodie, tandis que moi je comptais attentivement mes temps sur la guitare. J'ai réussi à jouer la même un mois et demi plus tard. Je pratiquais deux à trois heures par jour pour atteindre ce "prodigieux" résultat. Mon peu de talent pour la guitare, je l'ai fait fructifier à force de travail. Avec de la persévérance, je me suis amélioré.

Le nombre de talents reçus à la naissance n'a guère d'importance, c'est ce que j'en fais qui révèle qui je suis. Je me trouve très chanceux d'avoir à travailler pour développer mes talents, car cela me permet de me dépasser et de relever de nouveaux défis à chaque jour de ma vie. André possède du talent dans tous les domaines, mais n'a jamais su quoi en faire, occupé à se demander lequel exploiter en premier. L'embarras du choix l'a mélangé.

Dix talents enterrés ne donnent guère de résultats. Deux talents cultivés avec amour et nourris par la persévérance donnent des accomplissements au-delà de ce qui s'annonçait.

Le temps pris pour faire fructifier mes talents n'est pas important. La façon de m'en servir importe beaucoup plus. Avec mon chemin de vie, je me rends compte que mon kilomètre de plus fait toute la différence dans ma réussite. Ce que je croyais être une profonde injustice s'est transformé en ma plus grande force. Au lieu d'attendre que tout me vienne facilement, mes talents limités m'ont enseigné à me lever de ma chaise et à aller chercher ce que je voulais. Ils m'ont forcé à me dépasser. C'est le plus beau cadeau qui soit.

Le kilomètre de plus sème l'abondance. J'en fais un

peu plus, alors je reçois un peu plus. Je donne mon effort avec joie et sans attente, je suis comblé au-delà de mes espérances par la vie qui prend soin de moi.

Oui, mais si je m'engageais juste un peu ?

Un engagement ne supporte pas la demi-mesure. Dans un de mes ateliers, Marc s'était inscrit pour faire plaisir à sa femme qui avait adoré sa fin de semaine. Durant la fin de semaine de Marc, l'atelier s'est attardé sur l'orgueil afin de s'ajuster à ce que vivaient les personnes présentes. Plus nous explorions le sujet en profondeur, plus je voyais Marc se tortiller d'impatience sur sa chaise. Finalement, il s'est barricadé dans l'attitude "je ne suis pas orgueilleux, je suis fier" et a quitté l'atelier samedi après-midi. C'était trop dur et surtout, ce n'était pas son choix d'être présent. Marc s'était engagé, mais juste un peu, pour faire plaisir et aussi pour acheter la paix avec sa femme. Il avait "essayé" le cours juste pour voir. Tant que je ne choisis pas réellement, je m'expose à reculer, à laisser mes peurs m'envahir, à me défiler à la première occasion. Je dois choisir et non agir comme une girouette.

Lorsque je fais un choix, je l'assume jusqu'au bout. Mon engagement n'est pas une question de caractère ou de "ça me tente, ça ne me tente plus." Mon engagement est une question d'épanouissement personnel, de réalisation intérieure, de réussir sa vie, de vivre à fond et de quitter ce monde avec le sentiment d'avoir été au bout de soi-même. Pour que ma vie puise sa source dans le bonheur et l'amour, je m'engage dans tout ce que j'entreprends.

L'engagement provoque des résultats dépassant mes objectifs. L'engagement attire la réussite et enrichit mon estime de moi. L'engagement demeure la clé capitale de mon épanouissement. L'engagement me pousse à dépasser mes limites en puisant dans mes forces intérieures afin de réaliser mes rêves. L'engagement transforme ma vie en source de lumière et de beauté.

L'engagement fait de moi une meilleure personne.

Que d'apparences trompeuses!

Je me souviendrai toujours du chaleureux accueil reçu au magasin de stores verticaux à Longueuil.

Nancy et moi magasinions pour des stores afin d'embellir les fenêtres de notre nouvelle maison à Varennes. Nous étions là depuis déjà un bon moment et aucun vendeur présent n'était encore venu nous voir. Étrangement, les autres clients étaient servis et les vendeurs se libérant, se dirigeaient aussitôt vers d'autres clients. Nous nous demandions ce qui se passait. Nous nous sentions vraiment mis à l'écart, comme s'ils levaient le nez sur nous. C'était vraiment une drôle d'impression. Enfin, nous sommes venus à bout d'intercepter une vendeuse. Hautaine, froide et distante, elle regardait constamment nos chandails. Nous étions franchement mal à l'aise. Soudain j'ai compris: quoique de très bonne qualité, Nancy et moi portions des chandails identiques achetés au parc de la Mauricie. Aux yeux de la vendeuse, nous étions deux pauvres sans aucun moyen financier. Pourtant, nous venions pour acheter une quantité de stores de plus de $2000 dollars.

Cette attitude de se fier aux apparences et de juger les gens leur a fait perdre un client prospère. Se fier aux apparences me prive de généreux cadeaux.

Pendant mes visites aux différents Salons du livre pour la maison d'édition, j'ai eu l'occasion de recevoir un beau cadeau. Au kiosque, je reçois une foule de personnes différentes et une des plus bizarres fut un monsieur très repoussant au premier contact. Le type s'en vient nonchalamment vers le kiosque tout en léchant tranquillement le papier de la cigarette qu'il roule dans ses doigts jaunis et brunis par la nicotine. Un vieux paletot sale, fripé et usé ainsi qu'une barbe mal rasée accentuaient davantage son image déjà répugnante. En jetant un coup d'oeil à mes amis riant discrètement dans leur coin, j'ai compris que c'est moi qui répondrais au monsieur. Je ne sais pas pourquoi, mais de les voir rire ainsi m'a choqué.

Alors sans hésiter, je salue le monsieur et commence à lui parler en écartant péniblement les pensées de jugement qui montaient. Finalement, le contact est agréable et à la très grande surprise générale, il achète un livre. En constatant l'étonnement sur le visage de mes amis, j'ai compris pourquoi j'avais ressenti un élan de colère plus tôt. Ils me renvoyaient, tel un miroir, mon propre jugement. Et, je n'avais pas aimé ma propre image, ce jugement fortement ancré en moi comme en chacun de nous.

En allant vers la personne devant moi avec une ouverture sincère et honnête, nous nous sommes rejoints contre toute attente. Cet événement m'a fait réaliser le sabotage qu'exerçaient mes jugements arbitraires, rabaissants et négatifs sur ma vie. Je ratais d'excellentes opportunités en ne leur prêtant pas une oreille attentive. Prendre conscience des effets de mes jugements m'a beaucoup aidé à les désamorcer et à dédramatiser ma vie lorsqu'ils surgissaient.

Défauts et erreurs ne sont que des expériences

Les "erreurs" ne sont que des prétextes pour apprendre. Prenons, par exemple, Monique, qui a une tendance marquée à l'embonpoint. Par un bel après-midi d'été, elle décide de prendre avec moi, un gros morceau de tarte au sucre coiffé d'une boule de crème glacée. Ce geste ne signifierait aucunement une paresse chronique ou une lâcheté de sa part, à la condition qu'elle persévère dans ses bonnes habitudes alimentaires, malgré son écart momentané.

Un écart, une "erreur", une maladresse passagère ne condamnent pas la personne. Qui ne fait jamais d'erreurs? Tout évolue, l'univers dans son expansion infinie et moi dans mon quotidien. J'apprends de mes erreurs. En étant un élève éternel, la notion de bien et de mal n'a plus sa place dans ma vie. Si je fais des erreurs, c'est simplement pour mieux apprendre. Je suis devenu une meilleure personne parce que j'ai vécu une foule d'expériences qui m'ont aidé à saisir le sens de mon existence. Je n'ai pas à expier pour mes erreurs, mais à vivre leurs conséquences afin de prendre conscience du peu d'amour qui habitait mes gestes.

Si je brûle un feu rouge en voiture et que je provoque un accident, je n'ai pas à me diminuer ou à me culpabiliser. Au contraire, j'ai à voir les conséquences de mon acte, à discerner la raison qui m'a poussé à le poser et ensuite, à agir afin de régler cette raison et ne plus recommencer. Plus je travaille à la racine de mes comportements, plus je

Plus je travaille à la racine de mes comportements, plus je suis en mesure d'agir efficacement sur la direction que je veux donner à ma vie.

Évidemment, je possède encore plusieurs défauts, mais l'important n'est pas d'en avoir, mais bien plutôt, qu'est-ce que je fais avec eux. Au fil de mes prises de conscience, j'améliore mes défauts, je les transforme en forces et en qualités, je les règle, afin d'aller toujours plus loin, afin d'installer une meilleure harmonie en moi. Comprendre pourquoi j'ai précisément tel ou tel défaut, pourquoi je fais telle ou telle erreur, ajoute une dimension enthousiasmante et magique à ma vie. Je deviens capable de la créer selon ce que je ressens à l'intérieur de moi. Je vis de plus en plus la découverte de mon appartenance divine.

Pas d'échappatoire: c'est négatif ou positif

Il y a deux façons de vivre ma vie. Je me bats avec elle ou je coule en harmonie avec elle. Je crois au bonheur ou j'estime qu'il n'est bon que pour les autres seulement.

Nous vivons, Nancy et moi, un amour et un bonheur qui ne cessent d'augmenter et d'embellir, renouvelés à chaque journée que Dieu apporte. Nous rencontrons parfois des gens qui, sous des apparences de vouloir nous aider, ne font que parler de leur propre peur en tentant de nous décourager. Ils nous préviennent gentiment: "C'est beau présentement, mais attendez de voir au bout de la première année", puis "Attendez de voir au bout de trois ans", puis "Attendez de voir au bout de cinq ans". Cinq années se sont maintenant écoulées au moment d'écrire ces lignes et le refrain reste le même: "Attendez de voir au bout de sept ans. C'est très dur. Il y a comme un cycle." Ce que les gens ne savent pas - on ne leur dit pas - c'est que nous ne les croyons pas. Nous n'attendons pas, nous vivons notre amour.

Pour sa première grossesse, Nancy avait téléphoné à une de ses amies pour lui demander quelques renseignements.

- Comment les choses se déroulent-elles la première fois chez le médecin?

- Tu remplis beaucoup de papiers, tu prépares déjà ton admission à l'hôpital. C'est fatigant.

- Oui, mais après?

- C'est un problème. Tu ne peux plus sortir à ton goût, le mari ne se lève pas la nuit, le jeune pleure souvent, surtout quand ses premières dents percent. C'est beaucoup de sacrifices, un enfant.

Il y a deux façons de voir les choses dans la vie. Cette amie aurait pu dire: "C'est excitant, je prépare déjà mon entrée à l'hôpital. Je vais déjà savoir où je m'en vais." Elle aurait pu lui parler du merveilleux moment de prendre son enfant dans ses bras pour la première fois, du merveilleux sentiment de donner la vie. Mais elle a choisi de présenter les choses sous un jour négatif.

Ou je suis négatif et m'écrase devant les défis ou je suis positif et mord à belles dents dans la vie. Je décide de vivre ou de subir. Le ciel sur terre ou l'enfer. Au moment d'écrire ces lignes, Nicolas a cinq jours et il est dans mes bras. Il ne veut pas dormir, mais je me sens privilégié de l'avoir avec moi pour m'aider à écrire ces quelques lignes.

50 sous pour un manteau

Une des choses passionnantes dans les Salons du livre, c'est l'immense éventail de gens que je rencontre. C'est une opportunité formidable d'enseignement pour moi.

Durant les périodes de l'année où les grands froids sévissent, certaines personnes traînent leur manteau avec elles durant des heures dans des salles parfois surchauffées. Malgré l'affluence importante et le système d'aération à l'occasion peu adéquat, elles préfèrent tout de même éviter de payer 50 sous ou un dollar pour leur confort personnel. Juste pour bouquiner à l'aise, ce petit montant en vaut largement la peine. Ce qui est drôle finalement, c'est que les gens qui s'embarrassent de leur manteau aux Salons sont beaucoup moins enclins à dépenser pour un livre. Si la crainte de dépenser un dollar pour laisser leur manteau au vestiaire les freine, alors $20.00 pour un livre devient vite une aventure.

Quand je les regarde faire, cela me rappelle mes propres petits gestes mesquins. Je ris de moi en même temps. Combien de fois au restaurant ai-je hésité à laisser sur la table 25 sous de pourboire de plus au serveur! Dans un poste d'essence avec service, je me torture toujours à savoir si je dois laisser un pourboire ou non au gars qui se démène dehors à remplir mon réservoir, à laver mes vitres, à vérifier mon huile par un grand froid hivernal. Il ne s'agit que de quelques sous et je suis là, inquiet, à calculer savamment...

Si mon confort personnel ne vaut pas quelques sous, je ne vaux pas grand-chose. Mon estime personnelle dépasse amplement ma peur de manquer d'argent. Je dis croire à l'abondance et j'hésite à donner cinquante sous... L'abondance est dans ma vie.

J'attends la permission

Parler est facile, parler est à la portée de tous. Agir demande un dépassement de soi, agir exige du courage. Agir réclame de l'élève une attitude de maître.

Je sais que ma pensée se reflète dans mes gestes et mes paroles. Pourtant, je continue régulièrement à faire l'inverse, à attendre que l'univers autour de moi change pour me donner la permission de transformer ensuite ma pensée.

Agir amène ma réussite. Je peux changer ma vie si je suis prêt à être positif, généreux et patient. J'ai remarqué que peu de gens sont réellement décidés à se regarder dans le blanc des yeux, à se voir tels qu'ils sont. Ils ont peur d'entrevoir un recoin d'eux où se cache le monstre qu'ils redoutent. Alors, ils préfèrent continuer à critiquer les autres. C'est beaucoup moins dérangeant.

Sans honte et avec courage, j'exerce mon privilège d'exprimer le divin par ma bouche. Pour chacune des fois où je choisi d'affronter une peur, j'en sors gagnant, heureux, enrichi d'une meilleure estime de moi. En ressentant toute la joie du calme face à la tâche accomplie, je me lève et ne cache plus l'être merveilleux que je suis.

Je me donne la permission d'être divin.

Les personnes à conseils

Le meilleur conseil restera toujours l'exemple. Un conseil appuyé par l'exemple contradictoire crée la confusion et le non respect.

J'entends encore mon père me dire de ne pas prendre d'alcool, que jurer, ça ne se fait pas. Il m'expliquait tout ça, un verre à la main et en jurant. J'étais un peu mélangé.

À l'occasion, lors des Salons du livre, j'ai mis à la disposition de certains auteurs une partie de mon kiosque pour les aider à se faire connaître. J'avais invité un monsieur, propriétaire d'une revue positive, à venir se joindre à notre équipe. Mais curieusement, malgré quelques mouvements d'entrain, il restait la plupart du temps assis au fond du kiosque en espérant vendre sa revue. De sa chaise, il nous prodiguait ses précieux conseils sur l'art de la vente: "Tu devrais faire plus attention quand tu parles aux gens", "Tu ne devrais jamais t'asseoir devant un client", etc. Ses conseils étaient bons, mais ils reflétaient précisément ses propres points à améliorer. Et il ne semblait pas être au courant de cela.

Depuis le début des temps, les paroles se perdent dans le désert stérile des promesses non tenues et les gestes font bouger les choses. Le meilleur conseil demeurera toujours l'exemple.

Le positif plus fort que le négatif

Lorsque je suis vraiment positif, je ne vois pas le négatif chez l'autre. Je considère plutôt chaque personne comme une âme qui apprend et chemine à son rythme par ses propres expériences.

J'ai connu une drôle de dame tellement emprisonnée dans son orgueil que c'en était comique. Le ridicule ne tue pas. Elle critiquait sans arrêt, autant le maquillage de Josée, les vêtements de Charles, le lacet mal attaché de Luc, la température trop chaude ou trop froide, trop de soleil ou trop de pluie, le cadeau de Jacques, que la couleur de la voiture de Francine. Vous savez, le genre de personnes qui critique sans arrêt, mais qui n'accepte aucune remarque à son endroit. Osez et vous déclarez la guerre.

Une de ses filles voulut échanger avec elle au sujet de sa manie de toujours dire du mal des autres. La mère pour toute réponse monta le reste de la famille contre elle et son gendre. Sa fille après les premiers moments de la séparation, réalisa que les problèmes disparaissaient lorsque les contacts avec sa mère cessaient. Elle s'aperçut que la personne qui amenait les problèmes dans sa vie était sa mère. Depuis son départ, elle n'a jamais été aussi heureuse. Elle ne se fait plus rabattre les oreilles par des problèmes imaginaires.

La mère vit tellement de sentiment d'infériorité qu'elle doit tenter de rabaisser tout autour d'elle pour ne pas se voir telle qu'elle est. Quelque part, nous nous livrons tous à ce petit jeu mesquin à plus ou moins grande envergure.

Il est plus facile de voir le grain de poussière dans l'oeil de son voisin que la poutre dans le sien.

Les affaires des autres

J'aime ça être au courant de tout, surtout des affaires des autres. Je cours les potins, j'écoute l'un me parler de l'autre et je me fais une opinion de l'autre sans le connaître.

Linda et Robert se sont disputés à savoir qui prendrait l'auto pour aller travailler. Maintenant tout le monde le sait. Toute la famille de Linda fait la vie dure à Robert depuis. C'est curieux, je croyais naïvement que la dispute ne concernait que Linda et Robert. C'est exactement semblable à mon histoire de libraire à Brossard. Je me suis fait insulter par le libraire qui se basait sur les propos d'un ancien employé. Ce dernier était allé se plaindre de moi à cet homme. Sans même me connaître, il s'occupait des affaires qui ne concernaient que mon ancien employé et moi.

Un de mes amis, scandalisé par le comportement choquant du libraire, le traita carrément d'imbécile.

Aussitôt, j'ai vu comment cela était facile de reproduire le même comportement que l'on reproche à l'autre. Mon ami ne connaissait pas le libraire et le jugeait lui aussi sans lui laisser la moindre chance.

Se mêler des affaires des autres se fait presque machinalement. C'est bien plus facile et surtout, moins dérangeant, de regarder les failles du voisin plutôt que les nôtres. En réveillant ma conscience, je peux regarder mes actions et leurs conséquences afin de transformer avec davantage d'amour mes comportements et particulièrement mes pensées, sources de mes comportements. Je m'occupe de ma vie et je laisse les autres mener la leur selon leur souhait.

Changer pour soi

À partir de l'instant précis où j'ai mis à la porte, comme un voleur, le côté sombre des choses, le malheur, je suis devenu un gars heureux. Une aventure qui a duré dix ans. Je retombais et je recommençais, mais jamais ce sentiment intense de bonheur ne m'a quitté depuis. Aujourd'hui encore, je continue à m'améliorer et à évoluer, avec toujours ce bonheur fortement ancré en moi. Bien sûr, je vis mon lot quotidien de défis à relever, mais rien ne peut ébranler ce bonheur installé en moi. À travers mes peines - qui se font très rares - la vie ne cesse de montrer son visage généreux et merveilleux. Tomber n'est pas important. Nous tombons tous, et plusieurs fois d'ailleurs. L'important, c'est la façon de se relever.

Tous les changements durables de ma vie sont motivés par un meilleur bien-être et viennent de moi. Je peux accepter des suggestions des autres, mais tant que je ne vibre pas à ma décision, je prépare le terrain pour retomber plus tard. Le bon changement, le vrai, c'est celui que je fais pour moi.

Celui qui le dit, c'est celui qui l'est!

Vous vous souvenez sûrement de cette phrase d'enfant: "Celui qui le dit, c'est celui qui l'est!" Pour répliquer à une insulte nous répondions par cette phrase. J'entendais: "Jean-François est niaiseux!" et je répliquais aussitôt: "Celui qui le dit, c'est celui qui l'est!"

Dans le domaine du spirituel, d'un côté, il y a ceux qui en parlent et de l'autre, ceux qui le vivent. Je croise fréquemment des gens, dans les Salons surtout, qui agissent et parlent comme s'ils avaient atteint le sommet, comme s'ils connaissaient presque tous les secrets de l'univers. Ils sont drôles. Ils s'installent à l'écart et font, sur les gens qui passent, des commentaires surprenants. Ils sont capables de dire, sans fausse modestie, qu'un tel est évolué, qu'une telle est parvenue au stade quatre, qu'un autre a encore beaucoup de chemin à faire, etc. Un jugement annonce immanquablement les couleurs de celui qui le prononce. Ces gens arrivés quelque part - je ne sais pas où, d'ailleurs - exhibent leur savoir, mais ne le vivent pas. En jugeant autrui, ils avouent au grand jour leur manque d'amour envers la création de Dieu. Ils traitent les autres de non évolués, alors qu'à les écouter parler, je suis tenté de croire que ce sont eux qui le sont (comme si, de toutes façons, cela se peut, ne pas être évolué!). Celui qui le dit, c'est celui qui l'est.

Quand je traite Richard d'égoïste, c'est que je le suis d'une manière ou d'une autre. Quand je trouve Louise impatiente, je le suis. Si je trouve Émile très gentil, c'est que je suis gentil. Si j'admire la bonté de Lucie, c'est que je suis bon.

Si tu te crois battu, tu l'es.

Oser, change ma vie. Oser, me donne accès au royaume de Dieu. Oser, m'apporte des gâteries de la vie. Rien oser est stérile. Si je n'ose pas, je n'ai rien.

La première série de cartes de pensées positives n'a pas eu le succès escompté. Sur les conseils de mon employé, j'avais renoncé à mon idée de base pour la présentation. J'avais laissé mon employé imprimer le jeu avec un arbre brun et les feuilles vertes, au lieu d'un arbre mauve et d'un feuillage rose comme je le souhaitais. Le résultat fut catastrophique: le dessein était d'une laideur déprimante.

J'aurais pu abandonner mes projets et me tenir bien tranquille chez moi. Mais j'avais le feu sacré. Entre rester prostré chez moi et ne plus rien faire ou me retourner et chercher une solution, le choix s'est imposé de lui-même. J'ai osé reprendre les mêmes pensées avec toutefois ma propre idée pour la présentation. J'ai suivi la voix de mon coeur et mis de côté celle de ma tête. En deux ans d'opération, 9000 exemplaires ont trouvé un nouveau foyer. Faire un effort change ma vie.

Ou je me crois battu ou je redouble d'efforts afin d'imaginer d'autres solutions.

Oh! la belle gâterie!

"Oui, oui. Tout à fait. Je suis un être profondément spirituel. Je suis quelqu'un rempli d'amour. Je suis très conscient de mes pensées et de mes actions."

J'ai entendu souvent ces paroles de la bouche de personnes engagées dans un cheminement spirituel. Et dans la mienne. Pourtant, même si je me dis "Être spirituel", cela ne m'empêche pas de manger une barre de chocolat, un sac de croustilles et toute une variété de produits intoxiquant mon corps. Il est bien plus facile pour vous et moi de manger une "gâterie" qu'un fruit, un légume, un aliment sain pour la santé. Il est bien plus facile de garder une habitude que de la changer. Il est plus facile de parler que d'agir.

La spiritualité s'exprime par le geste. Les mots s'envolent. Nul besoin de parler, de vendre sa salade ou de s'exhiber pour étaler son "évolution".

Je me dis spirituel? Ai-je dit à quelqu'un que je l'aimais aujourd'hui? Ai-je rendu service à quelqu'un aujourd'hui, dans l'ombre, sans le souligner à tout le monde? Ai-je dit merci à Dieu pour toutes les gâteries dont Il me comble? Ai-je pris le temps d'admirer le soleil ou les arbres ou mon enfant ou une création de Dieu aujourd'hui? Ai-je pris mon amour dans mes bras aujourd'hui? Ai-je inventé une nouvelle solution à un problème aujourd'hui? Est-ce que j'ai reculé une de mes limites aujourd'hui? Ai-je ri aujourd'hui?

C'est plus facile et encourageant de devenir une

bonne personne en prenant le temps et en acceptant l'idée de s'améliorer, que de vivre prisonnier de ma paresse et de mon côté superficiel.

L'engagement, gage de ma réussite

Ceux qui prennent des engagements gagnent, ceux qui font des promesses échouent. C'est simple et exigeant à la fois.

"Demain, je commence mon entraînement."

"Demain, je commence mon régime."

"Demain, je vais me reposer."

"Demain, j'arrête de fumer."

"Demain, je vais faire ce que tu me demandes."

"Demain, je me cherche un nouvel emploi."

"Demain, je serai prêt."

Finalement, je ne fais rien.

Cela ne vous rappelle pas quelqu'un?

J'avais une amie de coeur que j'adorais et à qui je promettais mers et mondes. J'étudiais afin de devenir professeur au niveau secondaire, en lui faisant miroiter des étés remplis de voyages. Malheureusement, en chemin, j'ai abandonné. À force d'agir ainsi, je lui montré l'image d'un gars "grand parleur, petit faiseur". Je créais des attentes et ne me montrais jamais à la hauteur. Des attentes non remplies engendrent des déceptions. Fatiguée par ses désillusions sur mon compte, elle m'a quitté. Qui serait restée?

Pendant quinze ans, je me suis cherché. Tout ce que j'entreprenais ne voyait jamais, ou presque, le jour. J'étais le spécialiste des promesses et du non-engagement. Je fuyais tout le temps. Les conséquences ne sont pas longues à venir. Les gens rient en plein visage de mes promesses, plus personne ne me fait confiance et peu à peu le cercle de mes amis diminue, découragé par le vent de mes paroles vides.

Quand je suis engagé à fond, je n'ai pas peur d'aller jusqu'au bout. Le découragement ne s'installe pas au premier test, au premier obstacle. Au contraire, la difficulté ne fait que stimuler ma détermination à dépister une solution. La difficulté me fournit une aubaine en or pour utiliser ma meilleure solution: mon âme.

Mon engagement m'amène la réussite et le bonheur.

Prendre sa place

Pour chacune des fois où je prends ma place, je dérange des gens autour de moi. Ceux qui jouent aux victimes dans leur vie profitent de l'occasion pour se sentir bousculés et non respectés.

Durant les ateliers de fins de semaine, je respecte rigoureusement le rythme et l'ouverture de chacun. Dans ces ateliers de base, les gens ne veulent pas se faire contrôler, ni se faire bousculer inutilement, ils veulent se donner une chance de s'ouvrir et de mieux se comprendre. Aussi, il n'est pas nécessaire de forcer des portes, les gens prenant eux-mêmes le temps de les ouvrir lorsqu'ils se sentent à l'aise de le faire.

Par contre, dans le cours "Animateur", donné pour aider et supporter les gens qui veulent devenir pleinement créateurs de leur vie, je me permets d'aller un peu plus loin que dans les ateliers de base. Les gens inscrits à cet atelier souhaitent dépasser leurs limites et travailler intensément sur eux. Or, ce n'est pas en restant figé dans notre gros orgueil qu'on arrive à se voir tel que l'on est. Les participants sont parfaitement au courant que ce cours exige une humilité et une honnêteté très élevées envers soi-même. Aussi, j'ose leur dire, au moment approprié, ce qu'ils refusent de voir et d'entendre quelquefois. À l'occasion, certains bondissent de leurs sièges, prisonniers de leur orgueil malmené. En plus, quand je le fais, prévoyant la réaction, je demande la permission aux gens avant. J'ai beau le dire avec le maximum d'amour et de douceur, cela ne fait pas leur affaire.

Quand je prends ma place et que je n'hésite pas à m'affirmer, parce que je suis engagé à fond à être moi-même, je suscite souvent des réactions. Nous sommes, à différents degrés, habitués à jouer des rôles, alors lorsqu'une personne ne joue plus et décide d'être vraie, elle dérange le jeu des autres. C'est exactement comme dans une pièce de théâtre, où, si un des acteurs, décidant tout à coup de sortir de son rôle, ne suit plus son texte, ses partenaires n'apprécieront pas nécessairement son nouveau "jeu" à contre-courant du leur.

Je ne fais pas les choses comme les autres. Quand quelqu'un me dérange ou joue dans mes plates-bandes, je ne perds pas mon temps à penser à ses réactions. Je suis vrai et je dis ce que je vis. Peu de gens sont vraiment capables de prendre les choses telles qu'elles sont.

Les gens veulent nous imposer leur conception des choses. Ils croient que ce qui est bon pour eux l'est forcément pour moi. Lorsque j'ose affirmer que cela ne me convient pas ou que je préfère autre chose, je dérange. Prendre ma place exige du courage, mais apporte une paix et une assurance incroyables.

Voir avec des yeux neufs

Nous laissons souvent nos préjugés, nos premières impressions, nos jugements décider de façon définitive de notre regard sur les gens et les événements. Nous oublions que tout évolue, les frontières des pays comme les gens que nous fréquentons, l'univers comme nous-mêmes. Tout évolue, absolument tout.

Nous faisons l'erreur de fixer notre regard de façon indéracinable et catégorique.

L'important, c'est de regarder chaque personne à chaque fois comme si c'était la première fois, spécialement celles avec qui nous avons eu de la difficulté par le passé.

Un de mes amis connaissait quelques problèmes personnels. Il faisait partie d'un groupe d'enseignants formidables qui avaient à coeur de semer toujours un peu plus d'amour autour d'eux. Ses problèmes personnels occasionnaient alors des insatisfactions de la part des autres enseignants, car il remettait constamment en jeu ses engagements, incapable de se décider une fois pour toutes.

Comme la confiance envers lui de la part des autres diminuait sans cesse, il prit la décision de quitter afin de se donner une chance de se retrouver.

À ce moment, il aurait été très facile de le condamner pour la vie et ne plus lui faire confiance.

Après quelques mois, il apprit qu'un nouveau cours qu'il souhaitait particulièrement donner se préparait. C'est là que j'ai assisté à un miracle. Les dirigeants de l'école se dirent qu'ils n'avaient à condamner personne et devant la sincérité de sa démarche, ils acceptèrent avec joie de lui confier le cours.

Même si cet homme avait chuté une fois, deux fois, dix fois, lorsque se présente le désir sincère de se relever, c'est là que l'amour, plus que jamais, doit me donner des yeux neufs afin d'accueillir cette nouvelle situation avec un coeur renouvelé. Chaque situation devient unique. Chaque fleur est unique, chaque personne est unique, chaque geste d'amour est unique.

Demeurer attaché au passé et le traîner empêchent de voir le merveilleux se dérouler dans l'instant présent. Si les dirigeants avaient conservé leur idée sur lui, éliminant toute possibilité nouvelle, ils auraient tout simplement restreint la puissance réparatrice et illimitée de leur amour en eux.

La ouate

Dans la vie, j'aimerais bien vivre dans un gros gros nuage rose où jamais rien ne viendrait déranger mon confort et mes habitudes.

Tout ce qui surviendrait serait doux et harmonieux, sans confrontation. Je voudrais avoir à ma façon le monde devant moi.   Mon ami Denis me confiait un jour que je le dérangeais un peu avec mes recherches et mes questionnements. Il me racontait qu'il avait rencontré quelques personnes comme moi au cours de sa vie. Soudain, j'eus un flash.

- Denis, ces personnes, où sont-elles dans ta vie maintenant?

Il me regarda droit dans les yeux: il venait de comprendre où je voulais en venir. Toutes ces personnes avaient disparus de sa vie et je sentais que mon tour s'en venait.

J'ai tendance à écarter les gens qui me remettent en question, qui dérangent mes convictions profondes. J'oublie trop souvent que chaque fois que je suis dérangé, c'est qu'un enseignement frappe à ma porte. J'arrête de fuir et fait face au changement.

C'est donc compliqué!

Vouloir tout savoir sans effort complique ma vie. Je me laisse souvent séduire par l'idée que l'effort est synonyme d'entreprise compliquée. La spiritualité est effectivement simple, mais elle demande d'être vécue aussi dans mon quotidien au travers des limites établies, pour le moment, par mon mental. Pour briser ces limites, je dois aller de l'avant et fournir un effort. Cet effort, il n'en tient qu'à moi de le vivre dans la joie.

J'ai tendance à ne pas affronter l'effort à faire en saisissant l'excuse que si la situation paraît compliquée, elle n'est pas spirituelle, je dois donc me tourner vers quelque chose de plus aisé. Mais tout est spirituel! En fait, quand je donne l'étiquette à une situation de compliquée, je justifie mon goût de faire les choses sans me bousculer. Apprendre à travailler sur un ordinateur peut sembler une aventure pour celui qui n'y connaît rien.

Une de mes tantes est retournée sur le marché du travail à l'âge de 45 ans et fait maintenant partie d'un groupe très apprécié pour la qualité impeccable de son travail en informatique. Sur le coup, la technologie informatique semble limitée aux initiés, mais elle se laisse apprivoiser par celui qui va vers elle. Sur le coup, la transition du secondaire au CEGEP me semblait tellement compliquée et effrayante que j'en ai éprouvé des maux de tête. Puis, découvrant à mon rythme ma nouvelle école, tout s'est très bien déroulé. Sur le coup, apprendre à conduire une voiture manuelle, écrire un livre, piloter un avion, paraissaient des aventures hautement inaccessibles, mais les apparences se sont dissipées et je me suis familiarisé avec toutes ces nouveautés parce que j'ai fait l'effort qu'il fallait.

Une relation amoureuse demande également un engagement pour aplanir les difficultés. Construire une relation seulement sur un coup de foudre et tout quitter ensuite sur les premiers signes de complications illustrent bien mon refus de l'effort. Je veux de l'instantané.

Certaines personnes justifient leur non-engagement dans le fait que, par exemple, l'ordinateur est continuellement victime d'un problème technique et que les logiciels sont compliqués et ne fonctionnent pas bien. Fortes de cette raison, elles peuvent donc éviter de fournir l'effort pour apprendre. Nous sommes toujours tentés de donner plein de bonnes raisons pour reculer le moment de faire face à une peur ou à un effort.

Bien sûr, les choses sont parfois compliquées parce qu'elles ne m'intéressent tout simplement pas, parce que j'ai d'autres préoccupations, mais je fais confiance à mon discernement qui m'indiquera la frontière entre fuir devant mon engagement, un nouveau défi ou d'autres chats à fouetter.

La chance de vivre

Ma vie présente existe pour me donner l'occasion unique de devenir une meilleure personne, de prendre des prises de conscience sur moi et sur mon appartenance divine.

À travers la monotonie de mes anciens emplois, des mes aventures d'adolescent, de mes relations amoureuses, de mon enfance où j'étais complètement livré à moi-même, la question du sens profond de la vie revenait constamment. J'ai longtemps demandé des éclaircissements sur le sujet et les réponses sont venues.

Elles ont commencé à arriver sous forme de lectures, de conversation avec des gens, de petites intuitions. Elles sont apparues au début par la maladie, les séparations et autres "coups durs".

Suite à une forme rare de cancer, on m'a enlevé une partie du sein gauche. En ouvrant les yeux après l'opération, la vie n'avait plus la même valeur, ni le même visage. Je ne profitais pas assez d'elle, j'étais trop souvent occupé à me raconter des histoires et à courir dans tous les sens de peur de manquer de quelque chose. C'est vrai, je manquais de quelque chose, je manquais de spontanéité et de reconnaissance envers cette vie qui m'était donné. La vie m'a été offerte comme un cadeau pour que je m'amuse comme un enfant. Quand je reçois un cadeau à Noël, un train électrique, une poupée, un jeu de société, c'est moi qui décide ou non de profiter de mes cadeaux ou de les laisser dans la garde-robe. La vie octroie également cette liberté. Je m'amuse et découvre la beauté.

Quand tu veux pas, tu veux pas!

Durant mes conférences ou mes cours, il y a régulièrement une ou deux personnes vivant des frustrations qui parlent et qui dérangent les gens autour d'eux. Ils ne sont jamais concentrés sur ce qui se passe et ensuite ils se demandent sérieusement pourquoi leur vie ne s'améliore pas et patauge dans la médiocrité. Ce sont ces mêmes personnes qui en sortent en disant: "ça ne marche pas ce qu'il dit, ce n'est pas bon." Ce sont ces mêmes personnes qui critiquent et rouspètent tout le temps.

Les gens négatifs aiment garder jalousement leur place dans la vie et leurs acquis, croyant quasi impossible, soit d'avoir mieux, soit qu'il existe quelque chose de mieux. Ils se bâtissent un petit monde qui leur donne une image sécurisante face aux changements.

Qu'est-ce que je me suis battu contre mes anciennes amies de coeur pour ne pas changer le moindre trait de caractère chez moi! Josée me faisait remarquer ma vilaine habitude de toujours lire durant le repas, alors que c'est un moment privilégié pour échanger. Chantal s'énervait devant ma musique trop forte dans l'appartement. Quand la situation devenait trop menaçante pour moi, que je me voyais placé crûment devant mes vérités, je quittais ou je tentais de rabaisser l'autre pour lui clore le bec. Mes parents me traitaient de "susceptible" quand j'étais adolescent. Ils riaient de toutes les objections et de toutes les bonnes raisons que j'inventais pour justifier mon comportement et rester pareil sans faire place à du meilleur.

Plus je me bats pour conserver mes acquis, moins j'ouvre les portes au merveilleux, étant trop occupé par ma peur de perdre quelque chose.

La meilleure formation, c'est celle de l'amour

J'hésitais énormément à donner des conférences, à exprimer publiquement ce que j'avais appris sur moi jusqu'à maintenant. J'étais embarrassé de ne pas être bardé de diplômes ronflants qui attesteraient de ma compétence indéniable. Malgré mes cours et diplômes, j'en n'avais jamais assez pour me rassurer. Je remettais toujours en cause ma qualité d'enseignant.

Pourtant, les parents n'ont pas de diplômes dans leur mission capitale d'élever leurs enfants et on leur fait confiance.

Les premiers ministres n'ont pas de diplômes de premier ministre et on leur fait confiance.

Je me suis aperçu que la meilleure formation possible est celle de l'amour. L'amour me porte à écouter les gens, à les recevoir dans ce qu'ils sont et ce qu'ils vivent. Mon coeur, libéré de ses peurs, puise directement à la source mes réponses. Deux têtes qui se parlent créent des étincelles car ils jouent avec des concepts différents de l'une à l'autre. Deux coeurs communiquent sur la même longueur d'onde, sur celle qui relie tous les êtres vivants, l'amour. Dès que je laisse mon coeur parler, toutes les difficultés et les distances s'aplanissent.

Savoir dominer ses pensées

Quand je domine mes pensées, tout peut arriver. Dominer mes pensées signifie traquer mes pensées négatives et les éliminer sans pitié. Mes pensées négatives, elles, n'ont pas de pitié pour moi. Alimentées régulièrement, elles se concrétisent sans se demander si l'effet est bénéfique ou non. Elles obéissent à ma demande, un point c'est tout. Alors je ne fais pas de quartier. Ce que je veux dans ma vie, c'est le bonheur, la joie, l'accomplissement sous toutes ses formes, l'amour.

J'ai beau chercher, je ne trouve aucune utilité à maintenir la pensée que je ne pourrai jamais m'acheter une voiture à mon goût. À quoi me sert de croire que je ne peux pas demander une augmentation de salaire, que ce garçon ou cette fille est beaucoup trop beau ou belle pour moi, que je ne gagnerai jamais à la loterie, etc? Pourquoi entretenir la croyance que je ne pourrai jamais changer ma vie et améliorer mon sort? Jusqu'à maintenant, j'avoue que la récolte des fruits de mes pensées négatives ne m'apporte que des ennuis et de la frustration. À force d'entretenir ces pensées nuisibles, je crée mon univers à leur image.

J'avais peur de ressembler à mon père? Je lui ressemble! Inquiet, je me demandais souvent pourquoi mes amies de coeur m'aimaient? Elles m'ont donné raison en me quittant: je ne pouvais être aimé! Par contre, j'ai toujours rêvé de voler en avion, j'ai maintenant mon brevet. J'ai toujours rêvé secrètement d'écrire un livre, un de mes livres est entre vos mains.

Je mets de côté sans aucun regret ou remords le flot ininterrompu de mes pensées négatives et limitatives. Je libère mon canal créateur et opère ma connexion avec mon intérieur. Je domine mes pensées, car j'ai conscience de mon pouvoir créateur. Je crée la prospérité, la beauté et l'harmonie à l'image de l'être merveilleux que je suis.

Les gens heureux sont ceux qui cherchent des solutions

Bien que je sois en démarche personnelle, j'ai toujours à résoudre des problèmes dans ma vie. Les problèmes sont des occasions de pratique pour prendre davantage conscience de mon pouvoir divin. À partir de cette conception des choses, il n'y a plus de problèmes, mais uniquement un apprentissage continu et joyeux.

Par le biais de la maison d'édition, j'ai perpétuellement à trouver des solutions aux obstacles se dressant devant moi. Mon premier employé a imprimé la première série de jeux de cartes en faisant à sa tête. Après le désastre, il m'a fallu retomber sur mes pieds sans délai pour pouvoir survivre comme éditeur. En corrigeant rapidement la situation, j'ai pris conscience que peu de gens auraient réagi avec autant de rapidité et de détermination. Cela m'a permis d'affirmer que je suis une personne extraordinaire.

Les négatifs pour l'impression du jeu "l'Art de s'Apprivoiser" m'ont coûté $1500. La personne à qui j'avais confié mon affaire se disait mon ami et me promettait un prix inégalable par la compétition. Pour la traduction anglaise du même jeu, une autre personne a fait le même travail en plus d'ajouter un négatif pour un dépliant publicitaire et un négatif pour mes factures personnalisées pour un coût "inégalable" de $700.00. J'ai appris et je suis allé ailleurs. Ou je demeure sous l'émotion de ma colère ou je tire les leçons de ma mésaventure et m'en sers pour aller plus loin.

Le bien et le mal

Hier, extérioriser ses véritables sentiments était considéré comme un signe de faiblesse; aujourd'hui, la psychologie moderne encourage l'individu à ne rien garder à l'intérieur qui pourrait le ronger à la longue. Hier, payer toutes les dépenses lors d'une sortie avec une jeune fille était la marque d'un gentilhomme; aujourd'hui, si le geste est encore apprécié, bien des femmes mal à l'aise insistent pour payer leur part. Hier, fumer était un geste social mondain bien considéré, maintenant la société fait la guerre aux fumeurs.

Le bien et le mal sont toujours en mouvement avec l'évolution des sociétés. Au moyen-âge, les femmes qui se servaient des plantes pour guérir étaient brûlées comme sorcières et aujourd'hui les personnes qui font la même chose sont perçues comme étant à la fine pointe d'une nouvelle médecine plus humaine.

Le bien et le mal ne sont qu'une conception de l'homme pour donner un sens rationnel à sa vie. Cette idée n'existe que dans ma tête seulement. Le bien et le mal me donne des bornes, un encadrement comme on donne à un enfant. Ces limites définies servent à procurer un sentiment de sécurité à l'enfant. Or, je ne suis plus un enfant. En ouvrant ma conscience à ma dimension spirituelle, je pulvérise toute limite humaine. En utilisant ma puissance divine, j'accède à un monde d'amour où les garde-fous ne sont plus nécessaires. Ma relation intime avec mon intérieur, ma connexion divine, me guide sur des chemins d'amour hors de portée du jugement.

Dans ce monde physique, toute expérience vécue n'est qu'une occasion pour réveiller un peu plus ma conscience divine qui sommeille en moi. Plus j'apprends sur moi, plus j'apprends sur l'être merveilleux que je suis réellement.

Mes expériences "dramatiques" sont le fruit de ma résistance à l'amour, à mon propre bonheur. La vie est une aventure placée sur mon chemin pour en découvrir toutes les possibilités insoupçonnées encore. Chaque expérience m'aide à me rendre meilleur, à polir mes connaissances sur moi, à intégrer selon mon rythme l'enseignement reçu à travers toutes mes aventures.

Le Karma du bien et du mal

Jusqu'ici, j'ai basé ma vie sur le jugement séparant ce qui est bien de ce qui est mal. À l'aide de ce jugement humain, j'ai conçu l'idée de karma: il faut que je paie pour le mal que j'ai fait, pour mes mauvaises actions. Encore une forme de culpabilité qui coupe le contact avec mon moment présent.

Croire au karma, c'est croire encore une fois au bien et au mal. Croire au karma en acceptant la conception de payer pour mes mauvaises actions de la 257ème vie passée me coupe de ma vie présente. Adolescent, j'avais une relation épouvantable avec mon père. Le pardon a tout changé. Le seul et unique karma existant est la découverte du bonheur sur tous ses angles.

Le bien et le mal n'existent pas. Les hommes ont besoin de limites pour se retrouver dans le monde compliqué qu'ils créent. Maintenant que ma conscience perçoit de plus en plus clairement mon potentiel illimité, je comprends que l'amour ne s'enferme pas dans une idée définie, créée par les hommes.

Comment faire pour tracer ma ligne de conduite au travers de ces limites en mouvement du bien et du mal? La vérité se trouve en moi. Lorsque je suis en paix avec moi-même et que je ressens l'amour donné à travers mes gestes, alors c'est bien. Je suis aussi parfait que je peux l'être à mon moment présent.

Si Dieu est bon et ne veut que mon bien, comment peut-il créer quelque chose de mauvais. Tout est bon, seul mon regard juge de la valeur de l'oeuvre de Dieu.

Nos faiblesses deviennent nos forces

C'est clair, c'est moi qui ai le choix. Le choix de me laisser manipuler comme une marionnette par mes peurs ou le choix de m'en servir comme de prodigieux tremplins pour me réaliser pleinement.

Au moment de vendre mon premier livre en public, j'ai dû surmonter une énorme difficulté. La peur du ridicule, la peur de ce que les autres allaient penser de moi! Je bafouillais, tellement la gêne me tenaillait. Je me sentais mal à l'aise de présenter mon livre aux gens, d'affirmer que j'étais un des coauteurs. Je n'osais affronter le jugement des gens, tout en sachant fort bien que l'auteur d'un livre reste celui qui sait le mieux communiquer l'envie de le lire.

J'ai choisi de relever la tête et d'affronter ma peur. Je me suis calmé, puis j'ai commencé à regarder les autres faire, à m'ouvrir sur ce que les gens autour de moi pouvaient m'apprendre sur ma façon de parler et d'agir. Ensuite, je me suis levé et je suis allé au-devant des gens, leur présentant mon livre, leur suggérant des passages inspirants, leur racontant combien j'avais éprouvé du plaisir à l'écrire. Ma confiance s'est améliorée peu à peu, mon esprit de repartie s'est développé aussi et mon assurance s'est imposée de façon naturelle aux gens.

Maintenant, mon aptitude à communiquer avec les gens s'est épanouie au point de communiquer en public sans problèmes, de donner des conférences partout en province, de parler à la radio, de donner des ateliers et des cours, etc. La faiblesse que j'entretenais de penser que ce que je disais ne valait pas la peine, s'est transformée en un atout formidable. Ce défi m'a permis de travailler en profondeur ma faiblesse causée par mon manque d'estime de moi. Ma faiblesse est devenue ma principale force. Je m'en sers dans toutes les occasions.

Apprivoiser mes peurs m'ouvre toutes grandes les portes de la vie et de l'abondance. Quand je résiste à mes peurs, je retarde mon apprentissage et je me cause des maux de tête inutiles. Apprivoiser mes peurs me permet d'acquérir un peu plus de sagesse et d'amour pour moi. Je nourris mon estime de moi. Lorsqu'une peur se présente, je m'en sers comme stimulant pour repousser mes limites et pour aller plus loin dans la réalisation de ma vie. Les peurs sont le tremplin dont j'ai besoin pour grandir, car elles m'indiquent de façon précise où j'ai encore la chance de me dépasser.

Quatre étapes

Quatre étapes pour que la prospérité entre dans ma vie pleinement:

1) Me fixer un but élevé.

2) Reconnaître toute la Puissance en moi.

3) Me concentrer sur mon but.

4) Nourrir ma vie de pensées positives et d'amour.

Le chemin de ma réalisation

Par une belle journée d'automne, je marchais dans le bois en suivant un sentier chaudement recommandé par une amie qui connaissait le coin à fond. En marchant, je rêvais à cet endroit magnifique dans la montagne où le regard embrassait toute la région. L'air frais et la nature me faisaient du bien et j'étais heureux d'entendre le chant des oiseaux.

Peu à peu, le sentier commença à descendre et à devenir de plus en plus boueux. Tellement, que je commençais à douter d'être sur la bonne piste. Finalement, le repère annoncé par mon amie est apparu et j'ai continué mon chemin rassuré. Mais, pour un gars de ville pas entraîné du tout, la pente devenait de plus en plus raide. Arrivé à un rocher dégagé, bien que je pouvais apercevoir une partie de la région, ça ne pouvait être seulement ça. Effectivement, le sentier continuait à serpenter le long de la montagne toujours en grimpant. Cela faisait une bonne heure que je peinais à suivre ce foutu sentier. Est-ce que ça valait la peine? Y a-t-il des bêtes sauvages aux alentours? Étais-je encore sur la bonne route? Durant mes pauses de plus en plus fréquentes (!), je remarquais le nombre effarant d'excuses qui montaient en moi pour rebrousser chemin. Je n'en revenais pas de me voir penser!

Soudain, levant les yeux, j'ai vibré. Patient, le rocher m'attendait. Patiente, la beauté m'attendait. Patient, mon rêve m'attendait. Dans un dernier effort, j'ai grimpé, oubliant ma fatigue et mes ronchonnements. La vue était stupéfiante! Pendant un temps indéterminé, j'ai regardé et regardé et regardé, insatiable, les teintes invraisemblables et extraordinaires qui s'étalaient dans le ciel, les doux vallonnements des montagnes qui regorgeaient de couleurs et de vie et d'arbres...

Conclusion

Dieu est toujours en mouvement. J'entre dans l'univers de Dieu lorsque je participe moi aussi à cet élan de la vie.

L'acte de création provoque ce mouvement. Dieu, dans sa Bonté, m'a permis de prendre conscience de ce pouvoir par mes divers défis sur cette terre. Il imagine pour moi d'innombrables occasions d'utiliser ce pouvoir de création avec lui. Il me donne tous les matériaux nécessaires afin que je devienne l'architecte de ma propre vie. En créant mon univers, je concrétise le but de mon existence: prendre conscience du pouvoir divin en moi et l'exprimer par mes pensées, mes paroles et mes actes d'amour pour à mon tour suggérer ce mouvement à tous ceux qui sont autour de moi.

Dieu est un créateur généreux, car il permet à sa création d'apprendre avec Lui, ce qu'est l'amour. À travers mes expériences, je découvre les facettes infinies de l'amour.

Dès que je bouge, que je passe à l'action, je fais beaucoup plus qu'exister, je vis au rythme de Dieu. Je sors d'un état de sommeil profond pour exprimer les possibilités phénoménales et illimitées de la Puissance divine. L'acte de création me hisse au rang du divin.

Ateliers de Connaissance de Soi

Dans mon coeur se trouvent mes plus beaux rêves;
dans ma vie, ceux que je crois possibles.

Trouver un sens extraordinaire à ma vie

M'aimer et me sentir aimé

Acquérir plus de confiance en moi

Communiquer facilement mes besoins

M'affirmer dans mes croyances et mes valeurs

Établir des relations affectives enrichissantes (couple, enfants, parents, travail)

Planifier ma vie

Prendre plus de temps pour moi

Prendre conscience de mes émotions et les apprivoiser

Régler mes problèmes d'argent, de poids, etc.

Apprendre à rire, à m'amuser, à dédramatiser

Être moi-même et vivre pleinement mon moment présent

Le Centre l'Art de s'Apprivoiser

Ateliers de Connaissance de Soi

(maximum 12 personnes)

Bureau (514) 655-2294 Extérieur 1-800-665-7195

Télécopieur (514) 929-0220

Crée ta chance en te donnant les outils!

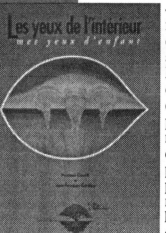
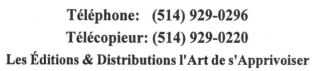

Cours

1 - Les besoins du corps, la digestion et l'assimilation.

2 - Les céréales, les glucides et les différentes sortes et qualités de pain.

3 - Les légumineuses.

4 - Les salades et la germination.

5 - Les protéines, les pâtes, le tofu, les algues et un menu équilibré.

1 soir/sem. pendant 5 semaines

ou

Atelier de fin de semaine (2 jours)

Colombe Plante

(514) 445-5182
Cours de cuisine végétarienne
4515, Montée St-Hubert
St-Hubert (Québec)
J3Y 1V3

BON DE COMMANDE POSTALE

Tous les prix sont sujets à changements sans préavis.

Livraison 2 semaines

Québec: 3.00 $

Canada: 4.00 $

États-Unis: 5.00 $

Europe et Martinique

	BATEAU	AVION
1 À 10 ITEMS =	15.00$	32.00$
11 À 20 ITEMS =	18.00$	34.00$
21 À 39 ITEMS =	21.00$	45.00$
40 & PLUS =	APPELEZ-NOUS	

FRAIS DE MANUTENTION

PRODUIT	QTÉ	TOTAL
SOUS-TOTAL		
TPS 7%		
MANUTENTION		
TOTAL		

AU QUÉBEC PAIEMENT PAR CHÈQUE OU MANDAT-POSTE À L'ORDRE DE:

l'Art de s'Apprivoiser 172, des Censitaires, Varennes, Qc, Canada J3X 2C5

EUROPE et ÉTATS-UNIS: par carte de crédit:

☐ VISA

☐

NUMÉRO ☐☐☐☐☐☐☐☐☐☐☐☐☐☐ EXP.: ☐☐ ☐☐
                                     MOIS   ANNEE

Nom du titulaire: _____

Signature: _____

Adresse: _____ Ville: _____

Tél: résidence ( )_____ Tél: travail ( )_____

COMMANDE AVEC CARTE DE CRÉDIT

TÉLÉPHONE 514-929-0296 OU TÉLÉCOPIEUR 514-929-0220